곽상언의 시선
세상을 향한 외침

우리는 우리의 새길을
만들 수 있습니다.
우리의 눈길과 손길, 그리고 발길로!
郭相彦 올림.

곽상언의 시선

세상을 향한 외침

메디치

머리글

이 책은 제 이야기를 담은 첫 책입니다. 국민의 선택을 받겠다고 나선 사람으로서, 제가 누구인지, 어떤 시선으로 삶을 살았고, 어떤 지향을 가지고 살고 있는지, 제 주변은 어떠하며 삶의 이면은 어떤지, 흡족하고 소상하지는 않아도 제대로 밝힐 필요가 있다고 생각합니다. 이것이 국민에 대한 예의라고 생각합니다. 그래서 제 삶과 생각을 담은 이 책을 집필했습니다.

책을 쓰고자 제 삶과 글을 정리해봤습니다. 사실 이 작업은 꽤 오래전부터 시작했습니다. 여러 매체에 게시한 기고문 등 제가 쓴 글들을 보며, 그 당시 지나온 제 삶의 궤적을 돌아보고 그 속에 담긴 이야기들을 나누고 싶었습니다.

하지만 제 삶을 돌아보는 것은 고통이었습니다. 아름다운 인생이었지만, 그 인생을 바라보는 것은 고통스러웠습니다. 고통스러웠지만, 그래도 늘 행복했습니다. 고통이 행복이었고, 모든 순간이 배움이었습니다. 지금도 저는 여전히 고통스럽지만 제 인생 길을 그대로 걸어가고 있습니다. 제게 주어진 일이 있고, 제가 가야 하는 길이 남아 있기 때문입니다. 저는 제 삶의 길을 응시하며 그대로 걸을 것입니다.

사람은 자신을 미화하고 자기 경험을 과장하고 싶은 법입니다. 저 혼자 제 이야기를 정리하면 제 이야기와 생각이 부푼 빵처럼 실제보다 크게 포장될 우려가 있었습니다. 숨기고 싶은 상처는 없애고, 드러내고 싶은 장점만을 밝힐 가능성이 있었습니다. 그래서 저는 혼자 제 삶을 정리하는 대신 조희정 작가님과 함께 저를 돌아보며 제 이야기와 글을 정리하기로 결정했습니다. 이 책의 출간에 오랜 시간이 소요된 이유입니다.

조희정 작가님을 만나 제 삶의 시간 속에서 있었던 많은 일들, 제가 세상을 바라보는 시선視線과 제 입장立場, 제가 알고 있는 세상의 비밀, 지금까지 만났던 모든 인연, 제가 바라보는 세상과 제가 바라는 세상에 대해 수많은 이야기를 나눴습니다. 고통스러운 일, 자랑스러운 일, 숨기고 싶은 일, 울컥 목이 메는 일 등 돌아보니 수많은 이야기가 있었습니다. 이야기하다가 울기도 했고 웃기도 했습니다. 울고 싶은 이야기가 있으면 울었고, 웃고 싶은 이야기가 있으면 웃었습니다.

저는 오랜 시간을 변호사로 최선을 다해 살아왔고 사회에 기여한 변호 활동도 꽤 많이 했습니다. 저는 그냥 개인에 불과하고 직업인으로는 변호사였지만, 너무도 오랜 시간 동안 직접적으로 또는 간접적으로 언론과 정치에 소환되었습니다. 어느 시기에는 우리 현대 정치사의 가장 어두운 터널 속 한가운데에서 울기도 했고, 어느 시기에는 따뜻한 응원을 받기도 했습니다. 언론에 소환될 이유가 없는 사람과 그 가족이 지난 20년 동안 끊임없이 여러 이유로 세상의 중심으로 소환되었던 것입니다.

사회적으로 저는 '곽상언'으로 불리기보다 '노무현 대통령의 사위'로 알려져 있고 그렇게 불리는 경우가 많았습니다. 어떤 분은 '대통령의 사위'를 '명예名譽'라고 생각하시는지 저를 남다른 존재로 바라보기도 했습니다. 어떤 분은 '대통령의 사위'라는 호칭으로 저를 조롱하기도 했고 자신의 정치적 입장에 따라 저를 적대하기도 했습니다. '노무현 대통령의 사위'라는 호칭은 제게 벗어날 수 없는 '멍에'와 같은 것입니다. 하지만, 그 호칭이 머리 위의 '명예'로 인식되든 제 목을 감는 '멍에'로 보이든, 이 호칭은 그저 제 삶의 길 속에 만난 인연입니다. 저는 이 '멍에'를 아름다운 무늬로 만들 것입니다.

이 책은 제가 걸어온 삶의 이야기와 제가 쓴 글이 풀어낸 이야기를 한데 묶은 것입니다. 책의 내용이 수미일관首尾一貫 하지 못할 수도 있고, 앞부분의 이야기와 뒷부분의 이야기 형식이 다소 다를 수도 있습니다. 삶의 이야기와 글에 담긴 이야기가 한데 묶여 있기 때문입니다. 작가님께서는 저와 함께 정리한 이야기 중 인상 깊은 이야기를 선별하셔서 이 책에 담으셨고, 저는 그 이야기를 덜거나 더하지 않았습니다. 아마도 작가님께서 저를 가장 잘 드러내는 장면들이라고 판단하셨거나, 작가님의 호기심을 자극하는 이야기였을 것으로 생각하기 때문입니다. 조희정 작가님께 깊이 감사드립니다.

다만, 제가 경험한 이야기, 제가 품은 생각을 모두 풀어내지는 못했고, 더 재밌는(?) 이야기들이 꽤 많습니다. 이 이야기와 생각을 미처 이 책에 담지 못한 것이 아쉽습니다. 다음에 이 책을 개정할 기회가 생기면 꼭 반영하겠습니다.

사람들은 자기 경험으로 세상을 바라봅니다. 정치인들도 자신의 개인적 입장과 처지에 따라, 그리고 자신이 배운 바에 따라, 자신의 정치적 입장을 정하는 경우가 많습니다. 그러나 한 사람의 인생이 세상의 기준이 될 수 없는 것처럼, 정치인의 개인적 경험이 정치적 기준이 될 수 없습니다. 또, 정치인의 경험을 반영한 정치적 기준을 우리 국가가 나아가야 할 기준으로 삼을 수도 없는 일입니다. 정치적 기준은 우리 공동체의 방향을 결정하는 것이기 때문입니다.

하지만 한 사람의 삶의 길, 그 길 위에서 펼쳐진 이야기들은 그 사람의 선택에 영향을 미칠 수밖에 없습니다. 정치인의 경험이 그의 정치적 결정에 영향을 미치는 이유입니다. 이러한 의미에서, 저는 제 삶을 국민께 고백하고 우리 국민께 선택받고자 하는 것입니다.

저는 우리 국민께 말씀드립니다. 우리의 눈길로 우리의 지금을 보자고 말입니다. 우리 손길로 우리의 세상을 만들자고 말입니다. 또, 우리의 발길로 앞으로의 시간을 헤쳐 나가자고 말입니다. 우리의 눈길, 손길, 그리고 발길이 한데 모여 한 물결을 이루게 되는 날, 우리의 삶이 펼쳐질 이 공간은 새 빛으로 충만한 세상이 될 것입니다. 우리는 할 수 있습니다. 우리 공동체는 그렇게 될 수 있습니다.

2024년 1월

곽상언(郭相彦) 올림

여는 말
- 곽상언(郭相彦)

인간은 유한한 존재다.
유한한 인생에서 생존을 위해, 행복을 위해 삶을 이어간다.
모두에게 최소한의 생존 조건, 공통의 행복 조건이 있지만, 각자가 믿는 바에 따라 나머지 삶의 형태는 분화한다.

현재의 세상이 변하지 않을 것이라고 믿으면, 현재의 조건에서 생존과 행복을 위한 방법을 모색하는 것이 맞다.
현재의 세상이 조금이라도 변할 수 있다고 믿으면, 현재의 고통을 참아내고 미래를 꿈꿔야 한다.
보통은, 우리의 삶이 끝날 때까지 변할 수 있다고 믿는지 아닌지가 그 결정의 기준이다.

지금, 한 편에 서면, 작은 능력으로 큰 보상을 받고, 큰 흠결도 비난받지 않는다.

힘 있는 자와 함께 하는 삶이고, 힘 있는 자의 힘이 전이^{轉移}된다.
생존의 가능성이 커지고, 행복을 현실로 느낄 수 있다고 믿는다.

지금, 다른 편에 서면, 능력에 대한 보상은 작다. 없을 수도 있다.
작은 잘못으로도 행복은커녕 숨 쉴 수 없는 고통을 받거나 생존을 위협받는다.
믿음에 따라 산다는 보람만이 있을 수 있다.

어느 선택이든 비난할 수 없다.
모두 그의 가치관에서 비롯한 것이기 때문이다.
하지만 믿음이 다르다고 상대에게 악마가 되어서는 안 된다.
그리고 질문해야 한다.

현재의 세상이 영원해야 한다고 믿는가.
그렇지 않더라도, 정녕 변할 수 없는 곳이라고 믿는가.
어떤 선택을 할 것인가?

변화를 바라며, 변할 수 있다는 믿음으로, 새 세상을 꿈꾸며 인생을 앞서 걸어간 사람들이 있다.

그들은 모두 유한한 일생 동안 그 변화의 결실을 볼 수 있을 것이라고 믿었다.
그 열매를 언젠가는 거둘 수 있다고 믿었다.

영화〈The Passion of Christ〉가 생각난다.

"나의 편이 되어줘."

작가의 말

- 조희정(趙熹庭)

곽상언 변호사와의 인연은 7년 전으로 거슬러 올라간다. 그 동안 그가 자란 동네, 자주 가는 식당, 사무실 등지에서 그의 친구, 동료 변호사, 선후배, 스승, 청와대 경호원 등 여러 인연을 만났다. 그 속에서 어느 상처받은 소년을, 자존감 높았던 청년을, 다정한 가장을, 누군가의 소명疏明에 전력 질주하는 변호인을, 그리고 마침내 우리 공동체의 선봉에 서겠다는 꿈을 천명하는 '곽상언'을 보았다.

돌이켜보면 처지가 어떠하든, 맡은 역할이 어떠하든, 정치 성향이 어떻든 간에 그는 삶의 순간순간 자신에게 주어진 생명에 최선을 다하고 책임지려 했다.

시간과 운명의 담금질 속에서 그의 꿈은 한 가지로 뚜렷하게 모이는 것 같다. '곽상언' 이름 석 자로 누군가의 희망이 되는 것, 누군가가 일상을 살아가는 힘이 되는 것. 그 새로운 소명召命을 향해 그는 뚜벅뚜벅 나아가고 있다.

차례

머리글 4
여는 말 10
작가의 말 13

Ⅰ. 운명

18년 만의 재회	19
여동생의 결혼	23
자수성가의 조건	28
타인과 비교하는 삶이 지옥이다	34
배움을 선택하면 운명 앞에 강해진다	40
경전의 가르침, 스승의 궤적	43
상언 씨, 정연 씨	46

Ⅱ. 인연

노정연을 사랑하다	53
경계인의 의무	57
불복不服	59
대한민국 최초의 재택在宅 변호사	62
딸을 위한 기도	67
아빠의 이야기 - 큰딸의 아빠 씀	69
두 가지 당부	73

Ⅲ. 변호

빛과 그림자	81
"사람 사는 세상"	84
아내의 변호인	87
윤석열 후보님, 전두환의 삼청교육대를 그리워하십니까?	90
'검사 윤석열'	93
국가정보원 불법 사찰에 대한 입장문	101
수사인가, 보복인가	105
사건의 실체	112
용서한다. 그렇다고 잊지는 않는다.	115

IV. 공익

2012년 여름, 불행을 체념하고 행복을 결심하다	123
생명生命, '살라'는 명령	126
생명生命, '살리라'는 명령	127
소송의 시작	129
꽃밭	133
우리나라 전기요금의 실체	135
반환 예상 전기요금	143
밤을 새우다	148
국가國家의 불법不法	152
문제는 '길들여진 마음'	155
한전 민영화? 사실은 이렇습니다	163
아무런 판단 없는 판결	167
최후 변론	171
대통령 박근혜 위자료 청구 소송	192
종교의 정치 참여	198
변호사가 아닌 '정치인'을 결심하며	201
충북도지사 선거에 대한 입장문	204
출사표를 던지다	207

V. 소명

대통령의 자리	215
사람을 선택하는 평범한 기준	219
정당의 인식과 위선	223
야당 지도자를 보고 싶다	227
이인규 회고록, 회고의 의미를 묻는다	230
맡은 자의 책무	234
국민이 측은하다. 국민이 애통하다	236
국민의 나라, 대통령의 나라	240
일본에 바란다, 일본인에게 말한다 - 핵 오염수 방류 결정을 보며	243
대통령의 이간질	247
유족의 원망怨望, 대통령의 용기	252
비정상의 정상화	257

누구나 하기 싫은 이야기가 있다.
그 시간과 공간 속에서 상처받았기 때문이리라.
나도 상처가 많은 사람이다.

그래도 나는 상처를 외면하지 않고 그 시간을 직면했다.
외면한다고 해서 그 상처에서 벗어난 적이 없기 때문이다.
그래서 나는 상처를 바로 보고 내 일부분으로 인정하고 극복하려 노력했다.

또 먼저 상처를 공개하지는 않지만
밝혀야 하는 상황이 오면 감추지 않는 것으로 삶의 방식을 정했다.

하지만 상처를 보인다는 게
'나는 이런 사람'이라고 스스로 규정하겠다는 의미는 아니다.

옷에 나를 맞출 수는 없다.

I
운명

18년 만의 재회

사람마다 삶의 길은 다르고
그 인생길마다 굽이가 있고 굽이마다 꽃이 핀다.
나는 그것을 운명이라고 부른다.

이상하게 플라자호텔 인근에 가면 두 가지 장면이 떠오른다. 겨울철 너무 추워 발이 얼 것 같았던 기억, 그리고 전기구이 통닭을 맛있게 먹었던 일이다. 특히 전기구이 통닭을 담아 온 '종이봉투'는 아직도 아련하다. 기름 범벅인 종이봉투를 보면, 지금도 전기구이 통닭이 생각나고 어린 시절로 소환된다.

    어릴 적 아버지께서는 양복점을 오랫동안 운영하셨다. 한때는 서울 명동에서도 양복점을 하셔서 버스를 타고 다니면서 플라자호텔을 본 기억이 있다. 내 부모님은 아주 사이가 좋지 않으셨다. 여러 일이 있었는데 결국 내가 중학교 3학년 때 아버지가 집을 나가셨다. 그 이후 연락이 되지 않았다. 연락이 안 된 것인지 연락이 차단된 것인지는 잘 모르겠다.

아버지는 내가 열 일곱인 고등학교 1학년 때 우연히 한 번 만나뵈었던 것이 전부다. 그 이후 18년 만에 서른다섯이 되어 다시 만났다. 결혼한 지 2년 후였다. 누가 내게 연락처를 알려주었는지는 기억나지 않는다. 그리고 다시 만날 장소와 시간은 누가 정했는지 기억나지도 않는다. 만나기로 한 장소는 서울시청 앞 플라자호텔 1층 커피숍이었다.

플라자호텔 커피숍 출입구 쪽으로 들어오는 사람들을 보며, 18년 만에 만나는 건데 과연 내가 아버지를 알아볼 수 있을지 모르겠단 생각을 했다. 만나면 어떤 감정이 들지, 무슨 이야기를 해야 할지 많은 생각을 했다. 살아 계셔서 고맙다고 말씀드려야 할까, 아니면 버려진 어린 시절을 원망해야 할까. 그때까지 나는 내 나름의 방식으로 내 삶을 극복했고 그 과정에서 느낀 원망은 모두 해소했다고 생각했다.

그때 모자를 쓴 한 사내가 들어왔다. 18년 만의 만남이었지만 바로 알아볼 수 있었다. 출생 후 매일 본 것은 아니지만 17년 동안 함께 살았고, 18년 동안 전혀 못 보았는데 말이다. 알 수 없는 감정이 올라왔다. 나름 모두 극복했다고 생각했는데 그건 착각이었다. 모자를 벗은 아버지는 오래전에 출가出家하셨다고 말씀하셨다.

어린 시절이 주마등처럼 스쳐 지나갔다. 어릴 때 부모님이

싸우는 모습을 보면 너무 괴로웠다. 왜 싸울까, 그 이유가 뭘까 생각했다. 부모님의 싸움을 보면 패턴이 똑같았다. 싸움의 시작을 보니 언제나 서로의 상처를 건드렸다. 훗날 다른 사람들의 사는 모습을 지켜보며 깨닫게 되었다. 조금 성숙한 사람이라면 혹은 타인에 대한 예의가 있는 사람이라면 타인의 상처가 되는 지점까지 가지 않는다는 것을 말이다. 타인의 상처를 건드리지 않으면, 서로 한 발만 떨어지면 존재 사이에 충돌은 일어나지 않는다.

생각해보면, 아버지도 어머니도 서로 삶이 고통이었을 것이다. 어머니는 아버지와 여덟 살 차이가 난다. 어머니께서 스물셋에 나를 낳으셨으니, 나와는 스물두 살 차이가 난다. 아버지가 내가 열일곱이 되는 해에 집을 나가셨으니, 어머니는 내가 열일곱 살부터 스무 살이 되는 해까지 3년 동안 나와 동생을 홀로 부양하셨다. 내가 스무 살이 된 후로는 내가 가족 모두를 돌보게 되었다.

내 나이가 스무 살쯤에 어머니는 불과 마흔두 살밖에 되지 않았는데 그 시절 나는 우리 어머니를 부양해야겠다고 생각했다. 왜 그런 생각을 했을까. 아마 나는 여성이 혼자 살기 쉽지 않다고 생각했던 것 같다. 내가 희생해야겠다는 결심과 함께 말이다.

나는 불행의 상태에 빠진 사람을 나무라거나 원망하지 않는다. 이미 우리 부모님은 결혼 후 사이가 좋지 않은 것으로 불행했고, 그 이후 별거의 고통을 겪었으며, 소위 '정상적인 가정'이라는 따뜻한 울타리를 잃은 사람들이었다. 불행에 빠진 부모님을 내가 원망할 수는 없다. 그것은 비열한 일이다. 나는 집을 나간 아버지도 측은했고, 집에 남은 어머니도 측은했다. 나와 함께 학교를 다녔던 여동생은 더 측은했다.

나는 내게 주어진 운명을 불평하지 않는다. 사람은 각자의 인생길이 있는 것, 그 길을 인정하면 될 뿐이다. 호텔을 나서며 나는 그 시절 그 소년과 작별했다. 아니, 지금도 기억하며 새 숨결로 다독이고 있다.

여동생의 결혼

보통 사람들은 자신에게 닥친 불행과 고통을 쉽게 받아들이지 못한다.
고통을 잘 감내하는 사람은 성인의 반열에 오른 사람이다.

내겐 73년생 여동생이 하나 있다. 실제 나이로는 일 년 구 개월 밖에 차이가 나지 않는다. 여동생에게 늘 측은한 마음이 있다. 어린 시절 부모의 불화와 가난, 그에 수반한 불안과 불만을 안고 어린 시절을 고생스럽게 '함께 살아내었기' 때문이다.

나는 내가 처음으로 음식을 만든 장면을 기억한다. 초등학교 입학하기 전인지 그 즈음인지 분명하지는 않다. 어느 날 집에 들어갔는데 동생이 울고 있었다. 배가 고프다고. 그때 불현듯 든 생각이 '엄마가 전기밥솥에 밥을 하는 것을 봤다. 전기밥솥에 라면을 끓이면 되겠다'였다. 앞쪽에 흰색 버튼이 나란히 2개 있는 짙은 연두색 전기밥솥이었다. 라면을 전기밥솥에 끓이니 죽처럼 퍼졌다. 동생과 함께 그 짭짜름한 '라면 죽'을 숟가락으로 퍼먹었다. 맛이 '죽였다.' 지금도 그 맛이 생각날 정도다.

이런 기억도 있다. 부모의 불화로 나는 동생의 학비와 용돈을 책임지는 소년 가장 역할을 했다. 동생이 대입 시험을 볼 때는 그 시간 내내 시험장을 돌면서 기도했다. 내가 서른이 되기 전까지는 여동생이 정상적으로 결혼하게 하고 온전한 가정을 꾸리게 하는 것이 내 꿈 중 하나였다.

동생은 나보다 결혼을 빨리 했다. 동생이 출산하는 날에는 사법연수원에 3일간 휴가도 내었다. 당시 사법연수원 교수님은 내게 '동생이 출산하는데 왜 오빠가 휴가를 내야 하는지, 동생이 남편 없이 아이를 낳는지' 묻기도 했다. 동생이 출산하기로 한 날 나는 목욕재계를 하고 양복을 입고 병원으로 갔다. 조카를 만나는 첫날을 기념하기 위해서였다. 동생이 아이를 낳고 '춥다'고 해서 병원 근처에 있는 모든 이불 가게를 뒤져서 이불도 갖다주었다.

내가 사법시험에 합격하던 해 동생은 결혼식을 올렸다. 나는 울었다. 내 나름대로 동생을 아낀다고 살아왔는데 서운했다. 결혼하지 않은 동생으로 만나는 마지막이라는 게 슬펐다. 동생이 결혼한 후에는 다른 방식으로 오빠의 역할을 할 것이라고 다짐했다. 동생의 결혼을 기념하기 위해 오래전 쓴 글을 그대로 옮긴다.

사람을 사랑한다는 것

지금 저는 제 동생 방에 와서 컴퓨터 앞에 앉아있습니다. 이제 성년이 되어 결혼하게 된 동생의 남은 짐들을 정리해주어야 하겠으나, 일단은 그냥 두기로 하고, 동생의 지난날을 생각하고 앞날을 위해 기도해주기 위해 이곳에 있습니다.

동생의 결혼 준비부터, 아니 그 이전부터 저는 동생을 떠나보내기 위한 준비를 해왔습니다. 어릴 적부터 워낙 가족을 좋아하고 그에 대한 의존도가 높았던 동생이기에 이러한 준비를 미리미리 해야 한다고 생각했습니다. "모든 결정은 네가 하는 것이다, 항상 받을 생각을 하지 말고 무엇을 줄 것인가를 생각해라", 이러한 말들을 되뇌고 또 되뇌었습니다. 무엇보다 저는 항상 "자신의 삶은 자신의 책임하에 살아야 한다"고 강조했습니다. 이러한 점이 두고두고 마음 아플 것 같습니다.

어릴 적에 엄마의 젖을 많이 먹지 못한 아이는 평생 엄마 젖을 그리워한다고 합니다. 혹시 동생이 사랑을 많이 느껴 보지 못해서, 그래서 더욱더 그동안 받았던 사랑을 못 잊는 것이 아닌가…. 내가 젖을 떼지 말았어야 할 아이를, 억지로 떼는 것은 아닌가…. 마음이 아팠습니다.

하나밖에 없는 동생이기에, 가능만 하다면 그리고 그러한 것들이 앞으로의 생활에 도움이 된다고 생각만 되면, 제가 가진 힘의 범위에서 하려고 노력했습니다. 비록 어쩔 수 없는 것들도 있었고, 어리석은 이기심에 하지 않은 것들도 있습니다. 이러한 점도 제 마음속에 남을 것 같습니다.

무척이나 바쁜 생활 속에서 동생의 결혼식 당일도 그저 평상의 마음을 가지고 있었습니다. 그런데 이게 웬일입니까? 동생이 입장하는데, 그동안 살면서 제가 동생에게 가진 미안한 감정이 한꺼번에 나오는 것이었습니다. 눈물은 흐르고 마음은 차분해졌습니다. 결혼식 진행 과정 내내, 눈물을 감추느라 혼났습니다.

이 눈물은 제가 그동안 오빠로서 그리고 집안의 가장으로서 제대로 하지 못한 역할에 대한 미안함으로 인한 것이었습니다. 좀 더 잘할 수 있었는데, 좀 더 잘할 수 있었는데, 세월은 돌릴 수 없구나. 이러한 감정은 비록 제 동생이 제게 오빠로서 최선을 다했다고 말을 해도 소용없었습니다. 제 역할은 제가 알기 때문입니다.

앞으로는 제 위치에서 제가 만나는 모든 사람, 특히나 사랑하는 사람들에게 최선을 다하고 싶습니다. 그분들을 만날 수 없는 날, 제가 눈물을 흘리지 않았으면 좋겠습니다. 더 잘해주지 못한 마음으로 인해 눈물을 흘리기 싫습니다. 하지만 또 그러한 삶을 살겠지요.

제 동생의 앞날이 어찌 전개될지 알 수 없습니다. 다만, 어려운 일이 있든, 즐거운 일이 있든, 때에 따라 슬기롭게 살아갔으면 좋겠습니다. 그리고 앞으로는 시집간 동생을 둔 오빠로서 사랑을 주고 싶은 마음입니다.

곽상언

(2002. 1. 2.)

자수성가의 조건

부모 형편이 매우 어려웠지만 성공한 사람을 일컬어
'자수성가했다'라고 한다.
자수성가했다면 부모에게 미안해해야 한다.
자수성가의 기본조건은 부모의 몰락 혹은 곤란이기 때문이다.

돌이켜보면 나는 초년 시절 부모나 친척과 연이 깊지 않았다. 중3 때부터 부모님은 별거했고, 할아버지, 할머니, 외할머니, 외할아버지도 한 번 뵌 적 없었다. 친척들 간의 교류도 많지 않았다. 중3 때 고등학교 진학을 결정해야 하는데, 어쩌다 만난 친척 어르신들은 내게 공고나 상고를 가라고 했다. 집안 형편도 어렵고 장남이니까 빨리 돈 벌어야 한다고 말이다. 하지만 나는 그런 말을 듣지 않았다. 인문계 고등학교에 지원하고 연합고사 시험을 봤다. 만점을 받고 싶었는데 생각보다 꽤 틀렸다. 그날 독서실 형들과 처음으로 맥주 한 컵을 마셨던 것으로 기억한다.

나는 동네 형들을 비롯해 이웃 어른들, 선생님들께 사랑을 많이 받았다. 동네 독서실 주인아주머니는 내 딱한 사정을 알고 독서실에서 무료로 공부할 수 있도록 배려해주셨다. 나는 중3 시절부터 집에 정을 붙이지 못해 독서실에서 먹고 잘 때가 많았다. 독서실에 나가서 공부하는 게 그야말로 '낙(樂)'이었다. 그때 독서실 총무를 봤던 조길남 아저씨와 가까워졌다. 정치외교학과 대학생이었던 아저씨는 대학에 늦게 입학했고 독서실 총무로 아르바이트 하며 대학교 4학년 졸업을 앞두고 있었다. 나보다 12살 위여서, 나는 그때부터 지금까지 '아저씨'라고 부르고 있다.

아저씨는 라면도 끓여주고 설날에 같이 떡국도 먹으면서 내 가족이나 진학 문제를 진지하게 고민해주었다. 아저씨는 늘 내게 크게 될 사람이니 앞으로 사회를 변화시키는 일을 하라고 조언해주었다. 나중에 내게 정치인이 되라고 권하기도 했다.

중3 연합고사가 끝나고 겨울 방학으로 접어들면서는 나는 동네 대학생 형들과 군고구마 장사를 했다. 대학교 1학년을 마친 형, 재수생활을 마친 형과 나, 이렇게 3명이 동네의 사거리에서 2~3개월가량 '군고구마 장사'를 한 것이다. 매일 오후가 되면 동네를 한 바퀴 돌며 땔감으로 쓸 나무를 주우러 다녔다. 운동도 되고 재미도 있었다. 장사를 끝내면서, 형들은 내 몫으로 11만 원을 주었다. 내게는 아주 큰돈이었다. 그 돈으로 먼저 집에 8만 원짜리 전기밥솥을 사 갔다. '네모난 밥솥'으로 기억한다. 그날 '햄버거'라는 음식도 처음 먹어봤다. 친구와 독서실 건물 1층에 있던 치킨집에 가서 치킨이 아닌 햄버거를 시켜서 먹었다. 그런데, 위생에 문제가 있었는지 장염에 걸렸고 병원비로 3만 원을 날렸다. 내 첫 돈벌이는 그렇게 끝이 났다.

군고구마 장사를 하다가 옆자리 포장마차 아주머니를 알게 되었다. 아주머니는 "내가 힘이 없어서 그런데 우리 집에서 포장마차를 끌고 장사하는 이곳까지 와서 설치해주면 좋겠다. 하루에 500원을 주겠다"라고 말씀하셨다. 나는 고등학교 1학년까지 아주머니를 도와드렸다. 포장마차를 설치해 드리면 아주머니는 꼭 우동을 말아주셨다. 매일 500원, 일주일 정도 하면 책값이 나왔다. 그 돈으로 꼭 책을 사보았다.

고등학교 때 나는 헌책으로 공부했다. 헌책방에서 책을 사는 건 부끄러운 일도 아니고 나쁘지도 않다. 되려 좋은 점도 있었다. 헌책은 중요한 부분에 이미 줄이 처져 있다. 선험자先驗者의 흔적이 남아있으니까 내 노력을 줄일 수 있는 이득이 있다. 관점만 달리하면 세상은 좋은 게 많고 아름답다. 어떤 관점을 갖느냐의 문제일 뿐.

마음가짐이 어떠하든 생활고는 계속되었다. 고등학교 입학하고 담임 선생님을 찾아갔다. 고등학교 1학년 담임 선생님은 체육 선생님으로 호탕했다. 나는 "저희 집안이 어렵다. 제가 공부를 잘할 테니 장학금을 달라"고 이야기했다. 담임 선생님은 교장 선생님을 찾아가서서 "상언이가 전교 1등을 할 테니 장학금을 달라, 하지 못하면 안 주시면 된다"라고 담판을 지으셨다. 첫 시험에서 나는 전교 1등을 했고 장학금을 받게 되었다. 운이 좋았다.

고등학교 때 처음으로 새 책을 살 수 있었던 건 고등학교 2학년 담임 선생님이셨던 김동운 선생님 덕이었다. 김동운 선생님은 공업 선생님으로 '방송반'을 맡고 계셨다. 김동운 선생님은 내가 고등학교 3학년이 되자 학교 방송으로 "3학년 12반 곽상언, 잠깐 방송실로 내려와라"고 했다. 내려갔더니 선생님께서 "내가 아는 분이 제자 중에 괜찮은 학생이 있으면 장학금으로 용돈을 주라고 한다"라며 3만 원을 손에 쥐어 주셨다. '그 분'의 후원금은 매달 3만 원씩 계속되었다. 그래서 나는 그해부터 처음으로 새 책을 사볼 수 있었다. 나는 고등학교를 졸업하면서 김동운 선생님께 '그 분'이 누구신지 여쭈어보았다. 선생님은 사실 본인이었다며 멋쩍게 웃으셨다. 선생님은 몇 해 전 갑자기 돌아가셨다. 내 마음 깊숙이 스승으로 감사하고 있다.

나는 살면서 만나게 되는 사람들을 모두 하늘이 주신 선물로 생각한다. 내가 세상의 이치를 조금이라도 알고 있다면, 매 시절마다 만나는 고마운 인연의 덕분이라고 생각한다. 흔히 인연은 '맺어간다'라고 한다. 그렇다. 인연은 운명적으로 주어지는 것도 있지만 자신이 적극적으로 잡는 것이다. 내가 손을 내밀고 내민 손을 잡는 것이다. 어둠 속에서 나는 그들에게 손을 내밀었다. 그리고 그들은 기꺼이 내 손을 잡아주었다.

신목고 동문들에게

모두의 인생에는 푸름이 있다.
푸르다는 것은 뻗어나간다는 것이고 수용한다는 것이다.
그 푸름이 발산하는 방향에 따라 성장하여 일정한 형태를 갖춘 나무가 된다.
여린 나무의 시기.
그때, 우리는 서로의 시간을 한 곳에서 공유했다.
한 곳에서 한 방향으로 한 호흡을 하며 푸름을 느끼며 삶을 나누었다.
푸름의 시기가 지나면 푸름만이 삶의 전부가 아니라는 것도 알게 된다.
단지 한 공간에서 삶을 나누었다는 것보다 더 무겁게 다가오는 가치가 있다는 것도 알게 된다.
푸름을 삶의 발판 삼아 그리고 자신이 서 있는 곳에 따라 생각도 가치도 그 모습도 변화하기 때문이다.
마흔의 나이를 불혹^{不惑}이라 하지만 여전히 주위를 둘러보고 있다.

아니, 마흔 줄에 접어들어서야 둘러볼 주위가 있는지도 모르겠다.
친구들과 함께, 다시 여린 나무의 푸름을 되살릴 수 있다면 그만큼 행복감을 느끼게 하는 것도 없을 것 같다.
넝쿨의 손처럼, 서로의 손을 잡을 그 날에, 서로 만나 함께하면 좋겠다.

타인과 비교하는 삶이 지옥이다

김흥호 선생님의 책 《양명학 공부》에 지옥에 관한 이야기가 나온다.
"타인과 비교하는 삶이 지옥이다."
그 문장을 읽는 순간부터 나는 결심했다.
타인과 비교하지 않을 것이다.
내 인생이 어떤 행로로 가게 되더라도 그냥 내 인생을 사랑하며 살겠다.

고등학교 때 이과였다. 중학교 3학년 담임께서 공업 선생님이셨는데 수업 시간 이런 말씀을 하셨다. "우리나라는 공업 발전이 참 뒤진 나라다. 예를 들어, 기차는 현재 전기를 에너지로 운행되는데, 기차 위에 전기를 공급하는 전선을 우리가 만들지 못하고 수입한다. 금속 분야의 연구가 뒤처져서 그렇다." 그 말씀을 듣고, "그렇다면 내가 한번 그 전선을 만들어 봐야겠다"라고 생각했다. 그 당시만 해도 어린 마음에 이과적 재능이 있다고 '착각'했기에 대학에 진학하게 되면 이과를 선택해야겠다고 결심했다.

하지만 고등학교 재학 내내 수학과 과학은 이상하게 공부한 시간에 비해 그에 맞는 성적이 나오지 않았다. 영어와 국어는 공부를 많이 하지 않아도 늘 그 수준에 맞게 성적을 받았지만, 수학은 하루 종일 공부해도 잘되지 않았다. 나중에 내가 문과 성향이 강한 사람이란 걸 깨달았다. 나는 어릴 적부터 추상적으로 생각하는 습관이 있고 사물보다는 사람에게 관심이 많았다. 관찰을 통해서 그 속에 있는 원리가 무엇인지 생각하는 습관도 지니고 있었다. 평소에는 농담도 많이 하고 종종 사람들을 만나 어울리는 것을 즐기지만, 늘 마음속에는 '진리를 알고 그것을 내 삶 속에 구현하는 것'이 필생의 목표이기도 했다. 천상 문과생이었다.

시간은 흘러 고3이 된 어느 날, 고등학교 2학년 때 담임 선생님이신 김동운 선생님께서 나를 부르셨다. "내가 이런저런 생각을 해봤는데, 내 대학 은사님께 너를 소개해줄 테니 그 교수님이 계시는 곳으로 진학하면 좋겠다"고 말씀하셨다. 선생님께서 광운대 전자공학과를 졸업했는데, 선생님의 대학 은사님이 고려대 전자공학과 교수로 계신다는 것이었다. 고등학교 3학년 학생으로 대입 시험을 치르기도 전이었는데 선생님 손에 이끌려 그 교수님을 찾아뵙고 인사드렸다. 선생님께서는 "제가 아끼는 제자인데, 이 학교에 입학시킬 테니 잘 부탁드린다"라고 말씀하셨다. 몇 개월 후 나는 대입 시험을 치르고 고려대학교 전자공학과에 합격했다.

하지만 나는 학교에 제대로 다니지 않았다. 1주일 정도 다닌 후 휴학했다. 그리곤 재수했다. 서울대에 가고 싶었다. 서울대에 가고 싶었던 이유 중 하나는 다른 대학보다 학비가 싸다는 것이다. 그 당시만 해도 나는 고등학교를 졸업하면 가족의 생계를 책임져야 한다고 생각했고 그래서 가능하면 학비의 부담이 없는 학교를 다니고 싶었다. 또 다른 이유도 있었다. 나는 집안 환경이 어려워서 공부를 더 잘할 수 있었는데 못했다고 핑계대는 게 싫었다. 나는 내게 주어진 환경에서 최대한 성과를 내고 싶었고, 그래서 꼭 서울대학교에 가고 싶었다. 상징적인 의미로 말이다. 형편이 어렵다고 서울대에 갈 수 없는 것은 아니라는 것을 보여주고 싶었다. 굳이 또 하나의 이유를 덧붙이자면, 나는 서울대학교에는 얼마나 우수한 학생들이 다니는지 직접 확인해 보고도 싶었다.

어쨌든 나는 이과에 흥미와 재능이 없다는 걸 알고 재수를 하면서 문과로 변경했다. 내가 대입 시험을 치렀던 당시 수험생은 자신이 선택한 대학에 먼저 지원한 후 그 대학교에 직접 가서 입학 시험을 치르는 방식으로 대입시험이 진행됐다. 문과의 시험과목과 이과의 시험과목은 공통 과목도 있었으나 서로 추가되는 과목이 달랐는데, 나는 '새출발하겠다'는 의미로 선택과목을 거의 대부분 바꾸어 처음으로 공부해야 하는 과목이 많았다.

재수하는 1년 동안은 노량진 대성학원에 다니면서 과외 아르바이트를 했다. 학원비를 내야 했고 동생 학비 및 용돈을 주어야 했다. 우연히 중학교 1년 선배와 대성학원의 같은 반에서 공부하게 되었는데, 그 선배가 자신의 동생을 가르쳐 보라고 해서 재수생활 내내 그 동생을 가르치면서 재수생활을 했다. 문과에 어떤 전공이 있는지 잘 모르는 상태에서 처음엔 소설가가 되어 볼까, 아니면 신학대학을 갈까, 여러 가지 생각을 했다. 만약 내 삶이 평온했다면 신학대학, 혹은 국문과나 문예창작학과에 진학했을 것 같다. 외로우니 세상의 본질을 알고 싶고 내 이야기를 하고 싶다는 욕구가 컸던 모양이다.

하지만 현실과 타협했다. 아무래도 장남이다 보니, 취직이 잘될 것 같아 서울대학교 국제경제학과를 택했다. 대입시험을 성공적으로 치렀는지, 서울대학교에 입학하면서 장학금을 받았다. 1등은 전액을 받는 것으로 알고 있는데, 기성회비를 면제받았으니 2~3등은 했을 것으로 추측한다. 그렇게 대학에서는 경제학을 전공했는데 대학원에서는 법학을 택했다. '이과'에서 '문과'로 한 번, '경제학 전공'에서 '법학 전공'으로 또 한 번, 모두 전공을 두 번이나 바꾼 셈인데 두렵지 않았다.

사법시험이라는 제도는 고3 때 처음 알았다. 그 당시, 내가 다닌 독서실에는 한국전력공사 취업시험을 준비하는 형이 한 명 있었다. 이 형이 "내게 수학 과외를 해 달라. 내가 너에게 영어 과외를 해주겠다"라고 제안하여 함께 공부한 적이 있다. 그 형은 최선을 다해 공부한 사람들을 소개하면서《다시 태어나도 이 길을》이라는 책을 주었고, 그 책을 통해 사법고시라는 제도를 알게 되었다. 나중에 군대를 제대하고 무엇을 할까 고민하다가 "변호사 자격을 갖게 되면 자유로워지지 않을까"라는 생각에 사법시험을 보기로 했다.

사시 공부는 생각보다 훨씬 어려웠다. 그래도 나는 언제나 '조건이 동일하면 지지 않는다', '조건이 동일하지 않아도 상관없다'고 생각하며 살았다. 그 후, 나는 서울대학교 대학원 법학과에도 장학금을 받고 입학했지만, 사법시험은 합격하지 못했다. 학비 및 가족 생활비 때문에 학생들 과외지도에 많은 시간을 할애할 수밖에 없었던 이유도 있다. 대학원에 다니면서도 사법시험에 합격하지 못하자 대학원을 다니는 것이 무의미하다고 생각해 자퇴하려고 한 적도 있었다. 나중에 어릴 적부터 큰 인연이 있는 '조길남 아저씨'와 충북 증평군에서 한약방을 하시는 '연만희 선생님'께서 학자금을 주셨고, 이 분들 덕분에 공부할 시간을 확보할 수 있었다. 나이 서른이 되면서 제43회 사법시험에 최종 합격했다. 만일 이 분들이 도와주시지 않았다면 사법시험에 합격하지 못했을 것으로 생각한다.

돌이켜보면, 나는 오랫동안 공부할 수 있는 환경에서 성장하지는 않았지만 희한하게 수많은 학교를 다녔다. 집안 형편만

보면 고등학교 졸업으로 학업을 마칠 수 있었는데, 대학교에도 진학했고, 그 후에는 대학원, 사법연수원, 심지어 유학까지 다녀왔다. 학창 시절 내내 고단한 삶을 살았지만 나는 내 삶과 타인의 삶을 비교하지 않았다. 타인과 비교하는 순간, 모든 사람은 자신의 현재 삶에 대해 불만일 수밖에 없고, 타인의 삶을 자기 삶으로 차용借用하고 싶은 욕구가 생긴다. 자기 삶을 부인하게 되면서 불행에 빠진다. 모든 인간은 타인의 삶이 아닌 자기의 삶을 살아야 행복하다. 그 믿음은 틀리지 않았다.

배움을 선택하면 운명 앞에 강해진다

인간에게 자유가 있을까?
남자 혹은 여자로 태어나는 것, 나이를 먹어가는 것, 부모를 만나는 것
모두 다 바꿀 수 없는 숙명이다.
우리에게 주어진 유일한 자유는 '선택의 자유'이다.

스물두 살, 그 당시 나는 무척 괴로웠다. 집안이 완전히 무너져 내렸다. 매일 잠도 잘 못 자며 생활비와 동생 학비를 벌고 새벽에 출근해야 하는 삶이 괴로웠다. 죽고 싶기도 했다. 생의 욕구가 강한 사람들이 또한 죽음의 욕구도 강할 수 있다는 걸 그때 깨달았다. 그 무렵 여동생이 대학에 진학했다. 정말 어려운 때였다. 나는 견딜 수 있다고 생각했지만 내 여동생은 견딜 수 없다고 생각했다. 여동생 학비와 용돈을 대주어야 했다.

그래서 대학교 1학년을 마치고 휴학한 후 입대했다. 나는 군 생활을 현역이 아니라, 소위 방위병(단기사병)으로 마쳤다.

시력이 몹시 나쁘다는 이유였다. 국군수도병원 응급실 위생병. 서울 강서구 등촌동에 있는 국군수도병원에 배치되었는데, 국군수도병원에서는 '응급실'로 배치되었다. 나중에 알고 보니, 국군수도병원의 응급실에 근무하던 '일등 상사'가 나를 응급실로 배정했다.

어느 날 그 상사님은 나를 조용히 부르더니 "퇴근 후에 고3인 자기 아들을 가르치라"고 명령했다. 나는 거절했다. 내게 병역의 의무는 있지만 상사의 부당한 명령에 응할 의무는 없다고 생각했다. 명령을 거절하자, 그 상사님은 제대할 때까지 나를 '갈구었다.' 매일매일 그 상사님의 구두를 여러 차례 닦았던 것으로 기억한다. 방위병으로 병역의 의무를 이행하면서도, 오후 6시에 퇴근하면 가족의 생활비와 동생 학비를 벌기 위해 계속해서 아르바이트를 했다. 아침 6시까지 출근해야 하니 보통 새벽 4시에 일어났고 아르바이트를 마치고 집에 오면 밤 11시쯤 되는 일상이 반복되었다.

나는 '개구리 해부'도 못하는 심성을 가졌다. 생명체가 내 눈앞에서 죽는 모습을 보는 것이 괴롭고 그 생명체를 해부하는 것은 상상도 하기 싫었다. 그래서 그 당시 중학교 학생들이 생물 시간에 '개구리 해부'를 했지만, 나는 하지 않았다. 아니 하지 못했다. 그런데 이렇게 '개구리 해부' 한번 못 해본 사람이 방위병 생활을 하면서 17개월 동안 무려 '열아홉 구의 시신'을 처리했다. 한탄바이러스에 감염되어 '유행성 출혈열'로 사망한 병사가 처음이었다. 이후 교통사고를 당하거나 추락한 병사 등이 응급실로 와서 사망한 사례를 겪었다. 나는 응급실에서 돌아가신 분들이 가장 깨끗한 모습으로 영현실靈顯室로 보내드리려고 최선을 다했다.

    짧은 시간이었지만 군 복무하며 많은 것을 배웠다. 사람은 삶의 모든 국면에서 배우는 것이 있다. 성취하든 그렇지 못하든. 잘살면 잘사는 대로, 못살면 못사는 대로. 고통스러우면 고통 속에서, 행복하면 행복 속에서, 배우고 또 배우는 거다. 매 순간, 모든 곳이 배움터다.

경전의 가르침, 스승의 궤적

스승은 많을수록 좋다.
어떤 사람이 내게 무언가를 알려줄 수 있으면 그는 내 스승이다.
고난을 견뎌내는 사람도 내 스승이다.
삼인행필유아사三人行必有我師. 스승은 많을수록 좋다.

20대의 나는 홀로 공부하고, 소년가장으로 세상을 살았다. 솔직히 힘들었다. 세상살이가 무엇인가. 예컨대 100m 달리기를 하는데 어떤 사람은 차를 타고 100m를 달려가고 어떤 사람은 등에 지게를 지고 100m 걸어간다. 그런데 세상은 누가 먼저 결승선에 들어오는지만 본다. 이것이 정당한 것인가.

사람이 불행한 원인이 무엇일까 수없이 물었다. 삶을 관통하는 세상의 진리가 무엇인지 알고 싶었다. 철학과 종교에도 관심을 가졌고 사람의 사람살이를 살펴보았다. 매일 일정 시간을 할애해 성경이나 유학의 경전들을 보았다. 경전을 통해 배우고 스승을 찾아 배우며 세상살이를 통해 배우는 것이 즐거웠다.

나는 기억한다. 1995년 삼풍백화점이 무너진 사고가 있었는데, 삼풍백화점 붕괴사고에서 극적으로 생존한 '최명석' 님이 언론에 한 인터뷰다. 그는 건물 잔해 틈에서 그룹 '룰라'의 노래 〈날개 잃은 천사〉를 반복해서 부르면서 구조의 날을 기다렸다고 말했다. 그의 인터뷰를 보고 나는 감동했다. 노래를 부르며 고난을 견뎌내는 사람이라니. 어떤 고난도 노래를 부르면서 넘길 수 있는 것이다! 그것도 즐거운 노래를 부르면서! 그 국면에서 그는 나의 스승이었다.

20대에는 경전 읽는 걸 좋아했다. 많은 책은 아니지만 매일 읽었다. 특히 20대 후반에는 《전습록》을 풀어놓은 《양명학 공부》라는 책을 매일 읽었다. 책을 쓰신 고故 김흥호 선생을 직접 만나기 위해 이화여자대학교에 간 적도 있었다. 그분 역시 그 시절 나의 스승이었다.

서울 청파동에 있는 '청파교회'의 김기석 목사님도 빼놓을 수 없다. 스물대여섯 살쯤 김기석 목사님을 우연히 만났다. 김기석 목사님은 내가 20대 후반 우연히 지하철 남영역에 내려 가장 가까운 교회를 찾다가 알게 된 분이다. 벌써 사반세기가 넘었다. 지금 내 가치관의 절반 정도는 김기석 목사님께 받았다고 해도 과언이 아니다. 얼마 전 김기석 목사님과 '그 시절' 청파교회 교우들을 뵈었다. '청파靑坡'는 '푸른 언덕'이다. 푸른 언덕의 벗들과 퇴임을 앞둔 목사님을 만났다. 마음이 따뜻했다. 내 스승은 퇴임과 함께 고치를 벗은 나비로 날아오르실 채비를 하고 있었다. 우리도 삶의 고비를 지나 고치를 벗고 모두 나비가 되기를 바랐다.

　우주의 뭇 별들이 자신의 궤도로 운행하듯이, 우리도 삶이라는 궤도를 따라 시간 속을 운행한다. 그 과정에서 자신만의 삶의 무늬, 궤적을 남긴다. 우리는 모두 삶의 궤도 속에서 스승의 궤적을 따라 아름다운 무늬를 만들 수 있다.

상언 씨, 정연 씨

어려운 시절에 선거를 치르느라 많이 힘들지요? 가 보지 않던 길이라 더욱 고단하리라 생각합니다. 아침 출근길에 공원을 거쳐 오는데, 여기저기서 선거 운동원들이 인사를 하더군요. 문득 두 분 생각이 났어요. 나에게 있어 상언 씨와 정연 씨는 어떤 사람일까 하는 생각이 떠오른 것이지요. 상언 씨가 대학생일 때부터 알아 왔으니 꽤 세월이 흐른 셈이지요. 그동안 내가 알아 온 상언 씨는 이런 사람이었던 것 같아요.

- 상언 씨는 무엇보다 진실한 사람입니다. 자기 이익을 위해 허언을 늘어놓거나 남을 속일 생각이 애초에 없는 사람입니다.

- 상언 씨는 강직한 사람입니다. 상황이 어렵다고 하여 자기 생의 원칙을 바꾸지 않는 사람입니다. 자기편을 만들기 위해 마음에도 없는 소리를 하지 않는 사람입니다. 불의한 현실을 꿰뚫어 보고 그것을 시정하기 위해 자기의 지혜와 역량을 최대한 발휘하는 사람입니다.

- 상언 씨는 지향이 분명한 사람입니다. 스스로 어렵게 살아왔기에 어려운 이들의 사정을 늘 헤아리며 삽니다. 양지보다는 그늘에 처한 이들의 목소리가 되려고 노력합니다.

- 상언 씨는 겸손한 사람입니다. 꽤 이름이 알려진 변호사임에도 불구하고 그는 젊은 시절 고락을 함께했던 벗들을 정말 소중히 여기는 사람입니다.

- 상언 씨는 따뜻한 사람하고 유머러스한 사람입니다. 가끔 썰렁한 농담을 할 때도 있지만, 그런 농담조차 사람들이 기분 좋게 받아들이는 것은 그 깨끗한 마음을 알기 때문입니다.

- 상언 씨는 누군가를 존경하고 존중할 줄 아는 사람입니다. 늘 자기 부족함을 알기에 배우려 하고, 앞서 인생을 살아간 선배들을 귀히 여기는 사람입니다.

- 상언 씨는 아내와 자녀 등 가족들을 정말 사랑하는 사람입니다. 역사의 격랑 속에서 그들이 함께 걸어온 시간에 짙은 아

폼이 배어있지만 가족 간의 사랑이 든든한 울타리가 되어 그들을 지켜 주었습니다.

몇 마디 말로 어찌 상언 씨에 대해 다 말하겠습니까. 이번 선거에서 결과가 어떠하든 나는 상언 씨의 이런 모습이 흔들리지 않기를 빕니다. 이런 모습을 지켜낸다면 이기든 지든 그대는 승리자입니다. 그동안 늘 어려운 길을 택해 걸었지요. 그 길 위에서 알찬 보람의 열매 거두기를 빌 뿐입니다. 건강 유의하세요. 정연 씨에게도 마음에서 우러나오는 감사의 마음을 전합니다.

서울 푸른 언덕에서 김기석 드림

(2020. 4. 11.)

누군가에게 이런 질문을 받은 적이 있다.
"누구를 불쌍하게 여겨본 적 있으세요?"
참 많았다. 아니 많았을 것이다.
어릴 적부터 이런 이야기를 많이 들었다.
"사내새끼가 이렇게 마음이 약해서 뭐가 되겠나.
이렇게 눈물이 많아서 뭐에 쓰겠나…"

나는 내 아내가 참 가여웠다. 측은했다.
측은함이 있기에 지금도 함께한다.

측은함이 사랑이다.
사랑의 기본이고 출발점이다.

II

인연

노정연을 사랑하다

내 이름은 곽상언이고 직업은 변호사다.
내 이름과 직업은 '노 대통령 사위'가 아니다.
지금까지도 그렇게 살아왔고, 앞으로도 그럴 것이다.

지금껏 살아오며 서른 번 넘게 이사했다. 주민등록초본 주거지는 50번까지 번호가 매겨져 있다. 사법시험에 합격한 2001년에도 신림동에서 대방동으로 이사를 했다. 이듬해 여름, 예전에 살던 여의도 아파트 같은 동에 거주하던 아주머니께서 어머니께 연락한 모양이다. 나를 눈여겨보셨는지 따님의 친구를 한번 만나보라고 하셨다. 여러 차례 거절하다가 한 번 만나보기로 했다. 나는 그녀가 노무현 당시 대통령 후보의 딸인 줄은 몰랐다. 아마도 처음 만난 이후 또는 만나기 직전에 그 사실을 알게 되었던 것 같다.

하지만 나는 노무현 후보의 딸이라는 이야기를 들었을 때에도 전혀 개의치 않았다. 나는 원래 사람을 만날 때 그의 학력, 지위, 빈부 등 소위 '조건'을 따지지 않았다. 솔직히 나는 그 당시 내가 대통령 후보가 아닐 뿐이지 그 어르신보다 못한 게 뭐가 있느냐는 생각도 했다. 어르신은 집안이 가난했다고 학창시절 공부를 열심히 하지 않으셨다지만, 나는 정말 열심히 했다. 어르신께서는 형님들이 학비와 고시 생활 비용을 대주었다지만, 나는 학교에 다니면서도 모든 학비와 생활비를 감당하고 가족을 부양하면서 고시 공부까지 했다. 이런 여건에서 살았던 내가 꿀릴 게 뭐가 있냐는 마음도 있었다. 나이가 들어 되돌아보니, 건방지고 유치한 생각이지만.

    2002년 어느 여름날(아마도 7월 31일이었을 것이다.) 종로구 혜화동에 있는 '대학로 스타벅스'에서 아내를 처음 만났다. 20분 먼저 도착해 2층에서 기다리고 있었는데 한 여성이 들어왔다. 혹시 저 사람인가 싶었다. 첫인상이 좋았다. 아내는 베이지색 니트를 입고 있었고 나는 양복 차림이었다. 예의를 갖춰야 한다고 생각했다. 그날 태어나서 처음으로 '스타벅스'라는 곳에 가보았고 처음으로 '아아(아이스 아메리카노)'를 마셔보았다. 그 후로 지금까지 커피 전문점에서 아이스아메리카노만 마신다. 아내와의 첫 만남을 기억하려는 나만의 의례이다.

    그날, 저녁으로 카레를 먹고 맥주까지 한 잔 더 했다. 아내는 내가 은근히 귀엽다고 이야기했다. 헤어지면서 한 번 더 연락

해도 될지 물었다. 말도 더듬거리면서.

두 번째 만났을 때 같이 영화를 봤고(영화 제목이 〈폰〉이었던 것으로 기억한다), 강남구 삼성역 섬유빌딩 지하에 있었던 고깃집에서 삼겹살을 먹었다. '왠지 이 사람과 결혼할 것 같다'라는 느낌이 들었다. 훗날 아내는 내가 삼겹살을 구워서 권하는 자상한 모습을 보며 내가 본인을 좋아한다고 느꼈다고 한다. 집으로 돌아가는 길에, 아내는 갑자기 내 팔짱을 꼈다. 당황했지만 좋았다. 처음 만나고 두 번째 만날 때까지만 1주일 기간이 있었고, 그다음 날부터는 매일 만났다. 우리는 만난 지 두 달 만에 결혼 날짜를 잡았고 그로부터 넉 달 만인 2003년 2월 8일에 결혼했다. 당시 어르신께서 대통령 후보자 신분만 아니었다면 아마도 더 일찍 결혼했을 것이다.

2002년 9월 하얏트 호텔 중식당에서 아내의 부모님께 처음 인사를 드렸다. 식당 이름은 기억나지 않는다. 너무 긴장해서 무슨 대화를 했는지, 무엇을 먹었는지 별다른 기억이 없다. 아마도 처음 먹어보는 음식이어서 기억나지 않는지도 모르겠다. 어르신께서는 계속 말씀하셨고 계속 음식을 드셨다. 식사를 마치고 나가시면서, 멋쩍으신지 "자네는 키가 꽤 크구만. 나는 나보다 크면 기분이 나쁘던데…"라고 말씀하셨다.

그 당시 나는 내가 결혼에 적합한 사람이 아니라고 생각했다. 멀쩡한 여인을 내 불행의 굴레 속으로 끌어들여서는 안 된다는 생각이 강했다. 내가 내 삶을 제대로 통제할 수 있을 때 결혼하고자 했다. 부모의 불화로 이미 10년 이상 가족을 부양하며 고군분투해온 터라, 사랑을 명분 삼아 타인에게 폐를 끼치는 건 싫었다. 그래서 오랫동안 고민이 많았다. 그해 아내를 만나 결혼하지 않았으면 아마 지금까지 결혼하지 않고 있을지도 모르겠다. 그런데 이 여인은 기꺼이 내 삶 속으로 걸어와 주었다. 어떤 시작이었다.

경계인의 의무

나는 인사는 잘하지만 굴복屈伏하지는 않는다.
지위가 높다고 굽히지 않는다.
하지만 배울 것이 있으면 고개를 숙인다.

어르신께서 대통령으로 취임하신 당일의 일이다. 어르신께서 기분이 좋으셔서 "사람들이 나 보고 훌륭한 대통령이 되라고 한다. 내가 잘한다고 훌륭한 대통령이 되나. 쟤들이 잘해야지"라고 말씀하시면서 내가 서 있는 방향을 쳐다보셨다. 그 당시 김대중 전 대통령 아들들이 형사 처벌을 받은 직후였기 때문에, 나는 어르신께서 내게 하는 말씀이라고 생각했다.

그 순간 결심했다. 나 때문에 어르신께서 절대로 고민하지 않게끔 하겠다고. 나는 대통령의 가족으로 분류되었으나 실제로는 대통령의 가족이라고 생각한 적은 없었다. 나는 나를 '문지방을 사이에 두고 한 발은 방안에, 한 발은 방 밖에 있는 경계인'이라고 생각했다. 내 역할에 최선을 다해 살아왔기 때문에 지금까지 그 결심을 어긴 적은 단 한 번도 없다고 여긴다.

나는 2003년 2월 8일에 결혼식을 치렀고 어르신께서는 2003년 2월 25일에 제16대 대통령으로 취임하셨다. 신혼여행을 다녀오고 2주 만에 대통령으로 취임하셨기 때문에, 나는 어르신을 '장인'으로 인식하기보다 '대통령'으로 인식했다. 그래서, 어르신께 폐를 끼치지 않기 위해, 내 삶을 절제하며 살았다.

예를 들면, 특별한 일이 없는 한 청와대에 들어가지 않았고 청와대에 근무하거나 정치하는 사람들을 만나지 않았다. 또, 청와대에 들어갈 일이 생겨도 아무 데나 함부로 앉지 않았고 늘 바닥에 앉았다. 청와대 경내에 가면 '녹지원' 인근에 대통령 가족이 쓰는 수영장이 있지만, 그곳에도 한 번도 가지 않았다.

어르신 앞에서는 말수도 줄였는데, 그 이유는 어르신은 국가적으로 중요한 일을 하는 분인데 내가 혹시라도 잘못 이야길 해서 판단을 그르치시게 되면 많은 사람에게 잘못된 영향이 갈 수 있다고 생각했기 때문이다. 그러다 보니 어르신께서 "왜 말이 없나, 자네 불만 있나"라고 말씀하신 적도 있다.

나는 누구에게든 성심으로 인사하지만 억지로 굴복하지는 않는다. 지위가 높다고 굽히지 않는다. 하지만 배울 것이 있으면 고개를 숙인다. 그때나 지금이나 나는 내 인생을 살며 내 삶의 의무를 수행하고 있을 뿐이다.

불복不服

한 선생이 말했다.

"세상에서 제일 좋은 사람은 손해를 감수하는 사람이다. 자신에게 손해가 발생했다고, 자신에게 어떤 권리가 있다고, 자신의 손해를 불평하며 자신의 권리를 모두 행사하고자 하는 사람은 욕심이 있는 사람이다. 권리는 행사하지 않을 때 미덕美德이 있다."

물론, 이렇게 말씀하신 선생은 자기 말과 같은 태도를 자신의 인생에서 구현하신 분은 아니다.
자신의 인격이 돋보이도록, 짐짓 이런 말씀을 하신 것뿐이다.

이 말씀대로 삶을 실천하는 것이 온당하고 이상적이다.

하지만 이 말씀대로 모든 사람이 살게 되면, '손해를 끼친 자'는 영원히 '손해를 끼치는 위치'에 서게 되고, '손해를 끼치는 위치'에 있는 사람만이 손해를 끼칠 '권리'를 가지게 되며, 그 사람만이 '정당正當'한 입장에 서게 된다.

이런 세상은 이상하고 부정의不正義한 세상이다.

내 직업은 불복하는 사람들을 만나는 것이다.

그 사람들을 만나, 그분들의 원망怨望과 원망願望을 들어 주고 법적인 절차를 통해 해결해주기 위해 노력하는 것이, 내 일이다.

사람들이 느끼는 수많은 부정의, 불합리, 불균형에 대해서 마음속으로 승복承服할 수 없는 상황을 해소하는 것이 내 직업이다.

하지만 소위 '권리의식'이 특별히 발달한 사람이 아닌 한 보통 사람들은 자신에게 어떠한 손해가 발생했는지도 모르고 원망하지 않는다.

보통 사람은 자신이 입은 모든 손해에 대해 공연히 발끈하는 것이 아니라 '참을 수 없는' 손해를 당하는 경우에만 그 부정의, 그 부당함에 대해 항쟁하기 때문이다.

이 때문에, 정의^{正義}와 정당^{正當}에 대해 불복하는 사람들은 실제로 거의 없다.
또한 '정당'에 대해서는, 불필요하게 오해하지 않는 한 또한 일부러 악의를 품지 않는 한, 누구든 수긍하며 복종하게 되어있다.
복종^{服從}은 정당에 대한 존경의 표현이기 때문이다.

하지만 복종은 굴종^{屈從}이 아니다.
아무런 이유 없이 그냥 복종할 수 없다.
우리는 시키는 대로 복종해야 하는 의무를 지닌 '종'이 아니기 때문이다.
복종을 원하는 사람은 자신의 정당함을 이해시켜야 한다.
그렇게 하면, 누구든 존경의 마음으로 그에게 복종할 것이다.

불복은 정당한 복종을 위한 과정이다.
불복^{不服}은 불복^{不福}이 아니다.

대한민국 최초의 재택在宅 변호사

아내는 종종 말한다. 당신은 참 좋은 사람인데, 남편으로는 별로다. 그래도 남편으로 만나지 않았으면, 평생 그리워했을 것이라고.

2004년 1월부터 변호사 생활을 했다. 변호사로서 내 첫 직장은 법무법인 화우였고 뉴욕대학교 로스쿨을 마치고 두 번째로 다닌 직장은 1년간 몸담았던 미국의 대형 로펌 스캐든(Skadden, Arps, Slate, Meagher & Flom)이었다. 2007년 하반기에 귀국했지만 나를 받아주는 법률사무소는 없었다. 노무현 대통령의 임기 말이니 사람들이 피하기 시작했고, 어쩌다 만나는 사람들은 무척 위험했다. 누군가에게 폐를 끼치기도 싫어 어르신 퇴임에 맞춰 친구 변호사와 개업하기로 하고 서초동에 사무실을 열었는데, 그 친구 변호사가 사정이 있어 함께하지 못했다. 그래서 둘이 하기로 한 사무실을 혼자 운영하게 되었다.

2008년 2월에 개업했는데, 2008년 하반기부터 노무현 대통령 주변의 모든 사람에 대한 수사가 시작되었고, 2009년 5월에는 어르신께서 비운에 돌아가시게 되었다. 나는 근근이 버티다가 몇 개월 후 사무실을 폐업했다.

당시 사람들은 내게 사건을 의뢰하면서도 행여나 불이익을 받지는 않을까 두려워했다. 사건 수임을 철회하기도 했다. 사무실을 운영하면 직원 급여와 임대료, 세금 등의 고정 지출이 있다. 이 때문에 빚이 쌓였고 결국 마이너스 통장도 한계에 다다랐다. 그때 나는 그만하고 집으로 들어가자고 결심했다. 직원에게 사무실을 정리해야겠다고, 미안하다고 사과했다. 직장을 알아봐 주겠다고도 했다.

재택 변호사 생활은 정말 힘들었다. 변호사 업무를 하면서 비서 역할도 해야 하고 일인다역一人多役을 소화해야 했으니 말이다. 우체국은 물론 법원이나 검찰청, 등기소에도 직접 다 가야 했고 복사도 손수 해야 했다. 그때 경험한 공무원들은 매우 고압적이고 비협조적이었다. 내가 변호사라는 걸 알면 다소 부드럽게 대하는데 그걸 모르면 되게 딱딱했다. 이해할 수 없었다. 직업인이 자신의 업무만 제대로 하면 되지 왜 업무의 상대방인 타인에게 함부로 하는가.

아침에 일어나 샤워한 후 밥을 먹고 안방에서 작은방으로

건너가면 업무의 시작이었다. 퇴근은 자정이었다. 최소 하루 15시간씩 일했다. 아이들은 아빠가 집에 있다고 정말 좋아했다. 그 당시 아이들은 유치원에 다녔는데, 이렇게 말하고 다녔다고 한다. "너희 아빠는 회사에 가지만, 우리 아빠는 집에 있다. 부럽지?"

재택 변호사로 일하면서, 다른 법률사무소에 들어가 보려고 한 적도 있었다. 여러 법률사무소는 여러 사유로 거부했다. 어르신을 둘러싼 논쟁과 갈등이 끊이지 않는 시절이었고, 그 시절 내내 '전직 대통령의 사위'인 나를 받아주는 법률사무소는 그 어디에도 없었다. 나와 함께 일하는 것도 거부하는 변호사들이 많았다. 소위 어르신을 좋아하는 변호사들도 마찬가지였다. 내 존재 자체로 타인에게 손해를 입힐 가능성이 있다고 인식되던 시절이었다. 내 존재가 사회적으로 거부된 시간이었다.

그래도 1년 정도 지나니 큰 빚은 청산할 수 있었다. 우연히 알게 된 어느 변호사님의 법무법인에서 8~9개월 정도 독자적으로 근무하면서 재택 변호사 생활을 청산했다. 그런데 그 즈음부터 내 가족을 향해서 많은 일이 계속해서 벌어졌다. 어떤 때는 가족의 안위가 걱정되기도 했다. 가족 모두를 데리고 호텔과 여관에서 일주일 이상 보낸 적도 있었다. 2010년 말에는 아무런 연고가 없는 대전으로 내려가기로 결정했고, 2011년 1월 추운 겨울 대전의 한 단독주택으로 이사했다. 앞으로 사회생활을 하지 않고 사회적으로 죽은 사람으로 살 테니, 더 이상 우리 가족에게 신경 쓰지 말라는 신호를 보낸 것이다. 나는 그렇게 하는 게 내 가족을 지키는 길이라고 생각했다. 대전에서는 박범계 변호사 사무실의 방 하나를 빌려 썼다. 박범계 변호사는 이후 국회의원이 되었다.

돌이켜보면 대전에 살았던 1년의 세월이 가장 평온했다. 그 1년 동안만 아무 일도 벌어지지 않았고 가족들과 보낼 수 있었다. 그곳에서 큰딸아이는 초등학교에 입학하여 우리 부부는 학부모가 되었다. 둘째 딸은 유치원에 늘 즐겁게 다녔고, 6년 만에 셋째도 가지게 되었다. 대전은 넓은 대지의 축복인 듯 우리에게 큰 추억을 만들어준 곳이다. 지금도 대전의 하늘과 그 속에서의 삶이 마음속에 남아 있다. 이듬해인 2012년 셋째 아이가 태어나면서 다시 서울로 올라왔고, 2012년 '주택용 누진제 전기요금 소송'을 준비하기 시작하면서 친구 박원환 변호사와 함께 '법무법인 인강'을 설립했다.

세상을 살면서 무엇이 성공이고 무엇이 실패인지는 모르겠다. 많은 돈을 버는 것이 성공이라면 나는 '실패한 변호사'일 수밖에 없다. 변호사로서 많은 사건에서 승소해야 하고 중요한 사건에서 승소해야 성공한 변호사라면, 이러한 의미에서도 나는 '실패한 변호사'다. 가장 노력을 많이 한 사건인 '주택용 누진제 전기요금 소송'에서도 지금까지 거의 패소했기 때문이다.

하지만 '실패한 변호사'의 삶이 '실패한 삶'은 아닐 수도 있다. '실패한 변호사'였으나 변호사로서 정직하고 치열하게 살았다고 자부한다. '실패한 변호사'였으나 나는 그 실패 자체가 성공이라고 생각하고 있다.

이런 모습의 나를 보며, 아내는 종종 말한다. 당신은 참 좋은 사람인데, 남편으로는 별로다. 그래도 남편으로 만나지 않았으면, 평생 그리워했을 것이라고.

딸을 위한 기도

바다에 파도가 친다. 인생에도 파도가 친다.
인생의 바다에서 파도가 '찰랑찰랑' 친다면 그 인생은 평온한 인생이다.
산이 높으면 계곡이 깊다.
'찰랑찰랑'한 인생은 재미는 없지만 행복한 인생이다.
나는 우리 아이들이 가능하면 '찰랑찰랑' 살았으면 좋겠다.

큰아이를 낳게 되면서 '작명作名' 공부를 해보았다. 첫째가 태어나면서 나는 이 아이에게 선물을 주고 싶었고, 이왕이면 이름을 지어주고 싶었다. 이름을 짓는 방법을 고민했다. 가장 존경하는 분에게 부탁해서 지어주는 방법도 있었으나, 이 방법은 내가 직접 짓는 것이 아니라 택하지 않았다. 그렇다고 불경이나 성경을 보다가 마음에 드는 단어를 조합하는 우연적 요소에 기대고 싶지도 않았다. 그래서 작명 이론을 한번 공부해보았다.

첫 아이를 낳기 위해 진통하는 아내 곁에서 나는 작명 책을 봤다. 시중에 나와 있는 책이란 책은 다 보았다. 그중 2권을 정독해서 아이 이름을 짓기 시작했고 그 과정을 노트 한 권에 적었다. 20년을 보관하고 있다가 얼마 전 큰아이가 고등학교를 졸업할 때 선물로 주었다. "아빠, 사랑해"라는 말을 듣고 싶었으나, 아쉽게도 듣지 못했다.

아이들이 커가면서, 나는 집에 들어가면 누워서 잠을 자고 있는 딸들의 손을 잡고 자주 기도했다.

"아빠가 우리 딸에게 바라는 건 딱 하나예요. 우리 딸이 '자신을 지키는 사람'이 되기를 바래요. 신체적으로, 정신적으로, 삶의 모든 국면에서 자신을 지키는 사람이 되면 좋겠어요. 헛된 유혹에 넘어가지 않고, 자기 관점으로 세상을 바라보며, 타인을 가해하지 않는 그런 사람이 되기를 바래요. 내가 나를 지키는 사람이 되도록 아빠가 최선을 다할게요. 아빠가 살아있는 동안에는 우리 딸을 꼭 지켜줄게요."

아빠의 이야기
- 큰딸의 아빠 씀

1. 어린 시절(초등학교 이전)의 주요 사건을 써주세요.

아빠는 어린 시절부터 여러 곳으로 이사를 많이 다녔어요. 국민학교(현재 초등학교)에 입학하기 전에는 두 살 아래의 여동생과 함께 집 근처에서 많이 뛰어다니면서 많이 놀았답니다.

    그때 아빠의 집에는 언제나 '사과 상자'가 있었어요. 아빠는 사과를 무척 좋아했고, 그래서 사과 두 개를 바지 주머니에 넣고 한 손에는 사과를 들고 사과를 먹으며 동네에서 뛰어다녔어요. 사과를 모두 먹으면 다시 집으로 돌아와 사과를 들고 친구들과 놀다가 해가 질 때쯤 집으로 돌아왔어요.

아빠의 부모님은 아빠가 학교에 입학하기 전부터 아빠를 공부시켰어요. 그때 당시 '일일공부'라는 학습지가 매일 집으로 배달되었는데, 여섯 살도 되지 않았는데 '일일공부'를 모두 했던 것으로 기억해요.

한글을 배운 이후에는 동네에서 놀 때나 차를 타고 갈 때나 길거리의 간판을 보면서 한글을 익혔어요. 세상에는 배울 것이 많답니다. 그리고 배울 곳은 지금 있는 곳이랍니다.

2. 학창 시절(초, 중, 고, 대학교 시절)의 주요 사건을 써주세요.

아빠는 서울 봉천동에 있는 봉천초등학교에 입학했어요. 입학식이 있던 날에는 늦어서 입학식이 모두 끝난 후 학교에 갔어요. 그래서 매우 뾰로통한 얼굴의 사진이 집에 있어요.

초등학교는 모두 네 곳을 다녔어요. 서초구에 있는 신중초등학교, 강동구에 있는 둔촌초등학교, 강서구(현재는 양천구)에 있는 목동초등학교를 다녔어요. 공부는 꽤 잘하는 편이었고, 학급에서 반장도 여러 번 했어요. 아빠는 선생님을 참 좋아해서 초등학교 시절에는 '앞으로 선생님이 되어야겠다'라고 생각했어요.

중학교 1학년 때에는 학급 반장을 했는데, 너무 공부하지 않아서 선생님께 혼나기도 했어요. 그러다, 중학교 2학년으로 진학하면서 전체 1등을 했지요(무려 1,400명의 학생 중에서 1등). 그때부터 고등학교를 마칠 때까지는 아주 열심히 공부하는 학생이었어요.

학교에서는 주어진 공부를 열심히 했지만, 머릿속 한편에는 세상이 참 궁금했어요. 그리고 사람들의 사람살이가 참 궁금했어요. 어른이 된다는 것도 궁금했어요. 그렇게 점점 청년이 되어갔어요.

3. 20대에 있었던 주요 사건을 써주세요.

고등학교를 졸업한 이후, 대학교에 갔어요. 고등학교는 인문계 대학으로 진학하는 '문과'와 이공계 대학으로 진학하는 '이과'가 있는데, 아빠는 고등학교 때는 '이과'이었어요. 하지만 대학은 '문과'로 갔답니다. 대학에서는 '경제학(서울대학교 국제경제학과 졸업)'을 전공했는데, 대학원에서는 '법학(서울대학교 대학원 법학과 졸업)'을 전공했어요. 전공을 두 번이나 바꾼 셈인데, 아무런 두려움이 없었답니다.

열심히 공부했고 치열한 청년 시절을 보냈습니다. 아빠의 나이 서른이 되면서, 아빠는 드디어 '제43회 사법시험'에 합격했습니다.

4. 30대에 있었던 주요 사건을 써주세요.

삼십 대에 접어들면서 가장 큰 일은 엄마를 만나 결혼하고 우리 큰딸, 둘째 딸, 그리고 셋째 아들을 만난 일이에요. 아빠는 태어나서 그렇게 잘한 일은 없지만, 가장 잘한 일은 가정을 만들고 우리 아이들을 만난 일이라고 생각하고 있어요. 변호사로서 최선을 다해 일했고, 아이들의 얼굴을 보는 것이 가장 행복했답니다.

5. 40대에 있었던 주요 사건을 써주세요.

아빠는 어느덧 나이가 마흔을 넘게 되었어요. 그 사이 우리 큰딸이 초등학교를 졸업하고 중학생이 되었어요. 셋째 아들이 태어났고 벌써 6살이 되었어요. 돌이켜보니, 큰딸과 둘째 딸은 '서울대학교 병원'에서 태어났고, 셋째 아들은 '이대목동병원'에서 태어났네요.
    아빠는 매일매일 바삐 지내지만, 늘 마음은 아이들 곁에서 아이들과 함께 있답니다. 지금은 50세 이후의 삶을 준비하고 있어요.

두 가지 당부

죽음이 없는 삶은 없다.
잠에서 깨는 것도, 오늘에서 어제를 바라보는 것도
한 시기를 지나 다른 시기로 옮기는 것도,
사람과의 이별도 모두 마찬가지다.
살아있는 동안 시간의 절연은 모두 죽음의 다른 형태이다.

그날은 2009년 5월 23일이었다. 이른 아침부터 전화벨이 울려 가족들이 모두 깼다. 어르신이 위중하다는 내용이었다. 전날 마신 술이 덜 깼는지 머리가 멍했다. 아내의 불안한 목소리에 나는 서둘러 옷을 갈아입었다. 왜 그때 하필 검은 양복을 입고 나섰을까.

봉하마을로 가기 전에 남양주시로 갔다. 두 아이를 남양주에 사는 여동생에게 맡기기 위해서였다. 차를 운전하면서 라디오를 켰는데, 아나운서가 어르신께서 돌아가셨다고 보도했다. 조수석에서 함께 라디오를 들은 아내는 오열했고, 영문을 모르는 두 아이는 불안해하며 눈치만 살폈다. 토요일이었고 차가 많이 밀렸던 것 같다. 나는 이럴 때 사고로 가족을 잃으면 안 된다고 생각했다. 나는 오직 운전에만 집중하며 봉하마을로 향했다. 고속도로에서 자동차 여러 대가 우리 차를 추월했는데, 언론사의 차들이 보였다. 고속도로의 중간쯤에 휴게소에 한 번 들렀을 때 국수를 주문해 아내에게 권했다. 아침부터 아무것도 먹지 못한 아내가 걱정되었다. 아내는 국수가 담긴 그릇을 내려다보더니 '아빠가 국수를 참 좋아했는데…'라고 혼잣말하며 흐느꼈다.

어르신께서는 서거하시기 며칠 전 내게 전화하셨다. 비서관이 전화를 걸어 어르신을 바꿔주었던 것으로 기억한다. "잘 견뎌주게. 우리 딸 부탁하네. 고맙네"라고 말씀하셨다. 어르신께서 내게 전화를 하신 것은 그때가 처음이자 마지막이었다. 나는 어르신에게 "네, 제 역할은 제가 하겠습니다"라고 대답했다. 당시만해도 이렇게 전화까지 하신 걸로 보면 특별한 의미가 있겠다는 정도로만 생각했다. 그날의 대화가 어르신과 나의 마지막 대화가 되었다.

어르신의 장례는 국민장으로 7일 동안 진행됐다. 장례를 마칠 때까지 눈물이 나오지 않았다. 장례 기간 내내 잠을 자지 않았다. 이상한 경각심으로, 지금 주어진 일을 실수 없이 해야 한다는 생각으로 눈물도 흘리지 않고 잠도 자지 않고 지냈다. 어르신을 위한 내 방식의 예우였다.

장례를 치르면서 많은 사람을 보았다. 아마도 장례가 거행

되었던 마을회관에서 만났던 분들이니 모두 어르신과 특별한 인연이 있던 분들이었을 게다. 어떤 이는 술에 취해 한탄하기도 했다. 어느 분은 어르신의 사고와 관련한 각종 소문을 전달해주기도 했다. 내 손에 자신의 한스러운 슬픔을 눈물로 전해주신 분도 계셨다. 나를 나무라신 어른도 계셨고, 피로와 분위기에 지쳐 기분이 언짢아진 분도 계셨다. 대통령의 장례에 음식이 너무 없다며 세상을 원망하던 친구도 있었다. 장례 기간 내내 다른 문상객보다 지극한 정성으로 장례식장을 지킨 분도 있었다. 장례 기간에 처음 만난 분이었는데 나중에 그분을 수소문해서 고마움을 표시했다. 특별한 정성을 보여주신 그분은 나중에 국회의원이 되었다.

하지만 이해할 수 없는 일도 있었다. 화장하거나 심지어 머리에 무스를 바르고 장례식장에서 문상객을 맞이하던 사람도 있었다. 심지어 어떤 이는 장례식장에서 인터뷰를 진행하기도 했다. 추모의 방식은 다를 수 있고 사람과 삶을 이해하는 방식도 다르겠지만, 나는 이 모습들을 유별나게 이상하다고 생각했다.

죽음은 삶의 이면이다. 죽음이 없는 삶은 없다. 잠에서 깨는 것도, 오늘에서 어제를 바라보는 것도, 한 시기를 지나 다른 시기로 옮기는 것도, 사람과의 이별도 모두 마찬가지다. 살아 있는 동안 시간의 절연은 모두 죽음의 다른 형태이다. 죽음을 대하는 태도를 보면, 삶을 바라보는 기저를 확인할 수 있다.

어르신의 죽음은 우리나라 국민 모두가 잊지 못하는 사건이다. 나에게도 마찬가지다. 지금까지 내 삶 속에도 어르신의 죽음이 자리잡고 있다. 앞으로의 내 삶 속에서도 마찬가지일 것이다. 그의 죽음에 대한 감정을 말로 표현하기 힘들다.

국가는 국민을 보호해야 한다.
연약한 우리가 뜻과 힘을 모아 국가를 이뤄 살고 있는 이유이다.

국민의 삶을 위협하는 국가,
국민을 해하는 정치,
조금이라도, 잠시라도, 존재해서는 안 된다.

국가권력을 이용한 범죄는 용납되어서는 안 된다.
그 범죄를 잊으면, 우리 중 누군가가
또다시 부정한 권력의 희생자가 될 것이다.

나는 기억할 것이다.

III

변호

빛과 그림자

권력의 무상. 무상하지 않은 것이 무엇이 있으랴.
권력은 진공상태를 허락하지 않는다.

아내는 어르신을 늘 바쁘고 엄했던 아버지로 기억한다. 나는 '대통령 노무현'과 '장인어른 노무현'을 구분 지을 수 없다. 결혼하자마자 어르신께서 취임하시면서 장인·사위 간의 정을 쌓을 기회가 없었다. 퇴임 후 잠깐 그럴 기회가 있었지만, 대통령 이명박 및 그 수하의 검사들이 벌인 여러 일로 그렇게 하지 못했다.

나는 어르신과 술을 한 번도 마셔본 적이 없다. 어르신께서는 취임 전에는 술을 즐기셨던 것 같은데 무척 아쉽다. 어르신께서는 내게 술을 마시고 취하면 일에 영향을 받기 때문에 술을 먹지 않는다고 말씀하시기도 했다. 그만큼 일에 대한 사명감이 강한 분이었다.

나는 어르신을 '멋진 남자', '멋쟁이'로 기억한다. 어르신은 본인 생각과 기질에 따라 삶을 선택했고 그 선택의 결과에 승복하며 사셨다. 자신의 삶을 제대로 살아낸다는 것이 얼마나 어려운 일인지 모른다. 타인의 눈 때문에, 다른 사람의 칭찬을 받고자 성취하고 또 축적하는 사람이 얼마나 많은가. 어르신은 완벽하지 않은 상황 속에서도 주어진 일은 마다하지 않고 돌파하려고 노력하셨고, 자신의 욕망을 위한 부끄러운 짓은 기질적으로 하지 못하셨다.

자신의 삶이 타인의 삶과 맞닿아 공공선과 연결되면, 그 사람의 삶은 꽃처럼 아름다운 삶으로 변모할 수 있다. 어르신께서는 그 가능성을 향해 달려갔기 때문에 나는 어르신을 '멋쟁이'로 보는 것이다. 실제 그분이 대통령으로서 한 정치 행위 중에 본인을 위한 것은 전혀 없다. 그것만으로도 성공한 인생, 멋진 인생, 성공한 대통령이라고 본다.

나는 어르신을 신격화하며 절대적으로 위대한 사람이라고 생각하지 않는다. 그러나 분명한 건 그 관점에서 어르신은 훌륭한 분이라는 것이다.

우리 삶에는 현재와 미래가 있고, 현실과 이상이 있다. 누구는 현실이 이상에 미치지 못한다고 슬퍼하며 산다. 또 누구는 이상은 이상일 뿐이라고 말하며 그저 현실만 바라보고 산다. 하지만 또 다른 누구는 현실을 꿈의 위치로 끌어올리기도 하고, 반대로 꿈을 현실로 끌어내기도 한다.

    나는 어르신의 꿈은 무엇이었으며, 그것이 우리의 꿈이 될 수 있는지, 그래서 현실이 되어야 하는지, 다시 생각하고 있다.

"사람 사는 세상"

노무현 대통령께서 말씀하셨다.
"사람 사는 세상"

우리네 인간이 살고 있는 세상은 어떠한 곳인가.
나는 삶이 고단했고 인간의 삶이 궁금했다.

석가께서 말씀하셨다고 한다.
인생은 고해苦海라고.
사람의 삶이란 고통의 바닷속에서 사는 것과 같다고.

그 바다는 우리 삶과 동떨어져 저 멀리서 잔잔히 파도치고 있는 곳이 아니다.

물고기가 바다에서 헤엄치듯, 우리 인간은 고통의 바다에서 시간을 헤엄치며, 폐부에 밀려오는 고통을 느끼는 것이다.

우리네 인간이 살고 있는 이 세상은 고통의 바다이다.

그래도, 우리는 이 세상에서 사람으로 살아야 한다.

고통스럽다고, 짐승으로 혹은 짐승 짓하며 살 수는 없다.

우리가 살고 있는 이 세상에 짐승만이 살고 있는 것은 아닌지 돌아보아야 한다.

사람이 짐승 짓을 해야만 살 수 있는 세상은 아닌지 자문해보아야 한다.

이미 사람이 살 수 없는 세상으로 되어 버린 것은 아닌지 두 눈 똑바로 뜨고 보아야 한다.

사람이 살고 싶은 세상은 아닐지라도, 사람이 살 수 있는 세상으로 만들어야 한다.

고통은 우리 곁을 떠날 수 없겠지만, 짐승으로 살지 않아도 되는 세상은 되어야 하기 때문이다.

그렇지 않으면, 사람다운 사람은 이 세상을 견디지 못하고 떠날 수밖에 없다.
이미 사람은 살 수 없는 세상이기 때문이다.
사람은 죽고 짐승만이 사는 그런 세상이 되어서는 안 된다.

곽상언
(2013. 5. 20.)

아내의 변호인

영화 〈변호인〉을 봤다.
아내가 옆에서 서럽게 운다.
나도 누군가의 변호인이 되어야겠다.

2007년 여름, 미국. 우리 가족은 아내가 아는 언니네 집에서 몇 개월 동안 살았다. 그 집이 문제의 '허드슨 콘도'이다. 그 언니는 자신이 무척 부자라고 했고, 우리 가족은 한국으로 귀국해야 하는데 단기로 임대해서 살 곳이 없어서 그 언니네 집에서 몇 개월 살기로 했다. 이 집과 관련해서 어르신께서 돌아가시기 전에도 아내가 수사를 한 차례 받았으나, 2012년에 또 다시 아내가 수사 대상이 되었다. 두 번째 수사였다.

 이명박 정부 때인 2009년 검찰은 아내를 수사했고 그해 5월 어르신의 서거로 수사는 종결됐다. 그러나 그로부터 3년 뒤 한 보수언론이 아내의 외화밀반출 의혹을 보도했고, 검찰은 다시 칼을 빼 들었다. 4·11 총선을 불과 1개월여 앞둔 시점이었다. 정치적 의도가 명백했다.

그해 우리 집으로 한 우편물이 도착했다. 그 우편물의 제목은 공소장이었다. 그 공소장을 작성한 사람은 '검사 윤석열'이었다. 검사 윤석열. 어르신 재임과 퇴임 무렵 내 주변에는 수많은 사건이 벌어졌고, 그 사건에 수많은 검사가 관여했다. 그 가운데 몇몇은 여전히 기억 속에 분명히 남아 있고, 앞으로도 상당히 오랫동안 기억에서 사라지지 않을 것 같다. '검사 윤석열'이라는 다섯 글자도 그중 하나이다.

2012년에는 셋째가 태어났다. 셋째가 태어난 기쁨도 잠시, 2012년은 우리 가족에게 잔인하고 더딘 시간이었다. 나는 아내의 변호인으로 나섰다. 당시만 해도 변호사가 자기 부인을 변호한 사람은 없었는데 나는 처음부터 끝까지 직접 아내를 변호했다. 그 이유는 다른 사람을 믿을 수 없었고, 무엇보다 내 앞에서 고통받고 있는 아내를 외면할 수 없었기 때문이다.

나는 아내에게 아무것도 묻지 않았다. 고통이 더해질까 봐 염려되었다. 내 아내는 아비를 잃은 불쌍한 여인이다. 그것도 하늘에서 떨어진 모습을 봤고, 한동안 그 마음을 삭일 기회조차 제대로 없었던 사람이었다. 나는 내 아내가 이미 자기 행위 책임을 넘는 충분한 형벌을 받았다고 생각했다. 어르신의 서거 후 우리 가족은 보통의 평범한 삶을 살지 못했다. 사는 곳도, 일터도

자주 바꿔야 했고 가족의 안위를 걱정해야 했다. 어르신께서 대통령으로 재임하시던 기간도 힘겨웠고, 그 이후에도 힘겨웠다. 이유와 관점만 달랐을 뿐 평범하지 못하고 위험한 것은 모두 같았다.

나는 아내의 변호인으로 오직 수사 기록만을 가지고 수많은 밤을 새워 재판을 준비했다. 나는 수사 기록을 보면서도 아내가 처벌받을 일이 아니라고 생각했다. 지금도 그 생각엔 변함이 없다.

이듬해인 2013년 1월 아내는 1심에서 징역 4개월에 집행유예 1년을 선고받았다. 항소는 했으나 그 후 취하했다. 수사와 재판과정에서 나는 내가 미국 집을 불법적으로 매입했다는 오명도 썼다. 심지어 지난 10여 년 동안 나로 인해 어르신께서 서거하시게 됐다는 터무니없는 비난을 받기도 했다. 억울하지만 운명으로 알고 참고 있다.

한집에 사는 피붙이, 그를 우리는 가족이라 부른다. 가족은 함께 웃고 더불어 행복해지고자 한다. 행복의 순간을 함께하며 그 순간을 추억하고 앞날을 헤쳐나간다. 힘겨워 손 내밀면 부르튼 내 손을 잡아줄 것이라고 믿는다. 슬픔으로 울컥 눈물이 쏟아져도 내 등을 두드리며 곁에 머물러 줄 사람이라고 여긴다. 우리는 이런 사람을 가족이라고 부른다. 우리는 시간을 함께 견디는, 그런 가족이다.

윤석열 후보님,
전두환의 삼청교육대를 그리워하십니까?

윤석열 국민의힘 후보는 오늘 "제가 대통령이 되면 흉악 범죄와의 전쟁을 선포하겠다", "저도 범죄를 줄이기 위해 가용한 모든 수단을 사용하겠다"라고 말씀하셨습니다.

전두환의 삼청교육대가 떠올랐습니다.
전두환은 1980년 8월 "폭력범과 사회풍토문란사범을 소탕하기 위한 명분"으로 삼청교육대를 설치했습니다.
그 후 6개월 만에 총 6만 755명이 체포되었고, 삼청교육대는 헌병이 총을 들고 감시하면서 육체적 고통을 가하는 가혹한 방법으로 이른바 '순화 교육'을 실시했습니다.

또 노태우 전 대통령의 '범죄와의 전쟁'이 떠올랐습니다.
노태우는 1990년 10월 '범죄·폭력소탕 전쟁 선포'라는 제목으로 특별선언을 했습니다.
그 과정에서 많은 조직폭력배가 소탕되기도 했지만, 실제로 무고한 사람들이 체포되기도 했고 고문 수사로 수 없는 인권 침해가 발생했습니다.

두렵습니다.
국민의 안전을 위한 후보님의 의지 표명으로 이해하기에는, 그 표현과 방식이 전두환의 삼청교육대 방식과 너무 똑같았기 때문입니다.

국가는 당연히 국민의 안전을 지켜야 합니다.
'국민의 안전'은 국가의 존재 이유이기 때문입니다.

하지만 국민의 안전을 위한다는 명분으로, 국가의 당연한 존재 이유를 구실로, 국민의 안전을 위협해서는 안 됩니다.
정치는 국가권력의 악용 가능성을 차단해야 합니다.
국가권력이 포장된 명분을 이용하여 국민 인권 침해를 허용해서는 안 됩니다.

절대로 국가권력 남용의 싹이 돋아나게 하면 안 됩니다.

국민을 두렵게 하지 마시기를 바랍니다.

곽상언

(2021. 12. 17.)

'검사 윤석열'

나에게 자유는 없다.
손발이 풀려 돌아다닐 수 있다고 자유로운 것이 아니다.
술에 취해 노래 부를 수 있다고 풀려난 것이 아니다.
시선으로 갇혀 있고 그로 인해 고통받고 있으면
수형생활을 하는 것이다.

이명박 전 대통령에게 누군가 나에 대한 동향까지 수시로 보고한 내용이 담긴 2011년 청와대 문건을 이재정 의원이 공개했다. 그때가 2017년이다. 2018년에는 이명박 정부 때 국가정보원이 장모님을 미행했다는 보도가 나왔다. 나는 그럴 수 있었겠다고 생각했다. 어르신이 퇴임하시면 좀 자유로워질 줄 알았는데 전보다 더 지켜보는 눈들이 많다고 느꼈기 때문이다. 어르신의 대통령 임기 5년은 그것이 긍정적 의미이든 부정적 의미이든 당연히 엄중한 감시를 받아야 하는 것이지만, 퇴임 이후에도 나는 늘 잠재적 피의자로 취급받았다.

2021년 1월, 나는 국가정보원으로부터 '정보 결정 통지서'

를 받았다. 국가정보원이 보유하고 관리하는 '곽상언'에 대한 문건은 무려 16건이었다. 국정원 사찰 의혹 문건은 '내나라 내 파일 시민행동'이 끈질기게 정보공개청구를 하여 얻어낸 결과였다. 국가정보원이 시민의 사생활을 비밀리에 사찰하는 것은 명백한 범죄행위 아닌가. 왜 나를? '노무현 대통령의 사위'라는 것 외에는 다른 이유가 있을 수 없었다.

나는 당시 16개의 사찰 문건을 받고 다시 한 번 국가정보원에 정보공개청구를 했다. 국가정보원은 정보공개청구를 받으면 20일 이내에 공개 여부 및 범위 등을 결정하여 청구인인 내게 통지해야 한다. 하지만 국정원은 두 차례나 법을 어기면서 2개월여가 지난 3월 12일경에야 추가로 21개 문건을 공개하기로 했다는 '정보 결정 통지서'를 내게 보냈다. 이제는 모두 37건이 되었다. 하지만 실제로 얼마나 많은 문건이 더 존재하는지는 알 수 없다. 국가정보원으로부터 '사찰문건'을 제공받은 사람들과 사찰문건의 수와 작성 시기를 비교해보았다. 사찰 문건의 수는 이재명 경기도지사가 3건, 문성근 배우가 27건, 내가 37건이었다. 사찰 기간도 내가 최장기간이었는데, 이명박 정부 당시에 작성된 사찰 문건이 대부분이었지만 박근혜 정부 당시인 2016년 8월까지의 문건도 존재했다.

어디까지 사찰했는지, 무엇을 궁금해했는지, 어떤 의도가 담겨 있는지 총 37건의 사찰 문건을 통해 확인해보았다. 국가정보원은 다음과 같은 제목으로 '노 대통령 사위 곽상언'에 대한 불법 사찰 문건을 만들었다. 일부 문건의 제목만 살펴보면 다음과 같다.

- 盧 대통령 곽상언 사위, 변호사 개업 관련 가족 중심 조촐한 모임 개최
- 노 前統 사위 곽상언 변호사, 사무실 정리 후 정치 입문 시사
- 청와대 일일요청 사항 정치 분야 관련 사항
- 곽상언 변호사 관련 동향
- 곽상언 변호사, 대전에서 ○○○ 변호사와 합동 근무
- 노 前 대통령 사위 곽상언 변호사, 양천지역 출마 관련 고심

국가정보원이 국민을 사찰했다면 국민을 국가 전복 세력으로 보거나 간첩으로 취급한 것 아닌가. 아무런 법적 근거도 없이 몰래 정보를 수집했다는 사실에 분노했다. 하지만 조금 허탈했던 것은 내가 오랫동안 국가정보원이 나를 사찰할 것이라고 예상해왔기 때문이었다. 예상한 사실을 눈으로 확인한 것은 슬프고 허탈한 일이다.

사찰 자료에는 내 개인에 대한 뒷조사는 물론 대검찰청의 수사 사항이 자세히 기재되어 있다. '윤석열 검사'는 사찰 문건이 작성될 당시 대검찰청 범죄정보담당관, 중앙수사부 과장, 서울중앙지검 특수부장을 역임했다. 윤석열 검사는 2009년 8월부

터 '대검찰청 범죄정보2담당관'으로 근무했고, 2010년 8월부터 2012년 6월까지는 '대검찰청 중앙수사부 과장'으로 근무했다 (2011년 9월 이전까지는 '중수2과장', 그 이후에는 '중수1과장'). 그 후 윤석열은 2012년 7월부터 2013년 4월까지 서울중앙지검 특수1부 부장검사로 근무했다. 모두 이명박 정부 때다.

아래는 2012년 2월 27일 자로 생성된 국정원 사찰 문건이다. 윤석열 검사가 '대검 중앙수사부 과장'일 때다. 문건에는 다음과 같은 내용이 있다.

1. "…의 '노정연 돈 상자 의혹' 진정 건을 수사 중인 대검 중수부(OOOOO)는…"

국정원 사찰 문건에 등장하는 '대검 중수부(OOOOO)'는 누구일까. 2012년 2월 당시 대검 중수부 과장으로 재직하고 있던 '대검 중수부(윤석열 검사)'로 보인다. 윤석열 검사는 그 당시 내 아내를 수사하고 기소했기 때문이다.

2. "보안유지하 과거 노무현 사건 기록을 재검토하며 관련자 소환 등 본격 수사 개시 타이밍을 재던 대검 중수부는 …", "마음이야 중앙지검 형사1부에 배당하고 싶지만, 노무현 수사 기록은 검찰 내에서도 비공개로 분류된 사건"

어르신에 대한 수사는 2009년 5월 23일 어르신의 서거로 모두 종결되었다. 그런데 윤석열 검사는 서거 3년이 지난 2012년에 '노무현 대통령 수사 기록'을 재검토했다. 그가 누구의 허락이나 협조받아 어떤 방식으로 '보안을 유지'하면서 비공개 수사 기록인 노무현 대통령의 수사 기록을 검토했는지 추후 밝혀져야 한다.

3. "대검 중수부 … 여론 향배 주목", "관련자 소환 등 본격 수사 개시 타이밍을 재던 대검 중수부는…", "보수·좌파 양 진영에서 생성될 여론 향배에 주목, 검찰의 자발적 인지수사가 아니라는 점을 표피적으로 강조하며…", "'노무현 전 대통령의 사망으로 다 정리된 사건 아니냐'는 좌파들의 입장을 누를 만한 반대 여론이 과연 형성될지에 촉각"

윤석열 검사는 당연히 대검 중수부에서 수사했어야 했는데, 위 문건을 보면 수사를 한 것이 아니라 수사를 정치적으로 이용하려고 한 사실을 확인할 수 있다. 만일 윤석열 검사가 그 당시 수사를 한 것이라면, 그가 '수사 개시 타이밍'을 재고 있을 이유도 없고, '여론 형성', '여론 향배'에 주목하고 촉각을 기울일 이유가 없었기 때문이다.

4. "우선 수사 속도를 적절히 조절, 절대 서두르지 않는다는 내부 입

장 견지", "'검찰 나름대로도 고민이 많은 수사'라고 속내를 토로하면서…"

위 문건의 내용을 보면, 윤석열 검사로 추정되는 사람이 검찰 내부 입장과 자신의 속내까지 국가정보원의 요원에게 토로하고 있음을 알 수 있다. 이 문건에 등장하는 사람은 추후 반드시 어느 국가정보원 요원과 어느 정도의 업무 관계를 맺었는지, 그 국가정보원의 요원에게 어떤 정보를 누설했는지 등에 대해 반드시 수사받아야 할 것이다. 그의 행위는 '공무상 비밀 누설죄'에 해당하기 때문이다.

한편, 윤석열 검사는 '국민의힘' 정당의 대통령 후보가 되어 이런 말을 하기도 했다.

"저 윤석열, 그런 (정치) 보복 같은 것은 생각해본 적도 없고 하지도 않을 거니까 그런 엉터리 프레임으로 위대한 국민을 현혹하지 말라."
"부정부패는 정치 보복의 문제가 아니다."
"부패의 척결은 민생 확립을 위해 선결 조건으로 반드시 해야 하는 것이다."
"제가 대통령이 되면 저를 도왔던 사람, 저와 가까웠던 사람 측근을 막론하고 부패에 연루되면 단호하게 벌주고 처벌하겠다."

그러나 나는 이명박의 정치 보복을 기억한다. 윤석열 검사는 그 정치 보복의 선두에서 우리 가족을 모두 샅샅이 수사했다. '검사 윤석열'은 결국 내 아내를 기소했고 내 아내는 젖먹이 아들을 두고 처벌받았다. '검사 윤석열'이 앞장선 수사나 정치 보복 덕분에, 내 가족은 만신창이가 되었고 그 상흔을 몸에 품고 살고 있다. '검사 윤석열'이 맹활약한 수사나 정치 보복 덕분에, 나는 '돈 때문에 장인어른을 죽인 놈'이라는 터무니없는 오명을 쓰게 되었다. 무려 10년이 넘는 시간이다.

이명박 전 대통령은 2018년 구속기소가 되기 전, 측근들이 검찰 수사를 받을 때 성명서를 낸 적이 있다. 이때, 이명박 전 대통령은 자신에 대한 수사를 "노무현 전 대통령의 죽음에 대한 정치 보복"이라고 선언했다. 이명박 대통령은 이 중요한 순간에 자신도 모르게 자백하고 말았다. 노무현 전 대통령은 정치적으로 죽음에 이른 것이고, 자신이 그 죽음에 정치적 영향을 행사했다는 것을 말이다. 그런데, 윤석열 검사는 그 당시 이명박 대통령의 정치 보복의 선두에 있었다. 윤석열 검사는 추후 대통령직에서 퇴임한 이후라도 사실대로 밝혀야 한다. 그것이 자신을 정치보복의 도구로 썼던 이명박 대통령의 뒤를 따르는 길이라고 생각한다.

국가정보원 불법 사찰에 대한 입장문

국가정보원은 우리 국민을 사찰할 수 없습니다. 국가정보원이 우리 국민을 사찰했다면, 국가정보원은 우리 국민을 정부 전복 세력으로 보거나 간첩으로 취급한 것입니다. 그런데, 국가정보원은 아무런 법적인 근거도 없이 저를 포함한 우리 국민에 대한 정보를 몰래 수집했습니다. 그런 국가정보원이 지금까지 공개하지 않았던 국민에 대한 사찰 정보를 공개했습니다. 이제라도 공개한 국가정보원의 태도를 높이 평가합니다.

이러한 국가정보원의 불법 사찰의 전모를 밝히기 위해, 국회는 '국정원 불법 사찰 진상규명 특별위원회'를 설치했습니다. 특별위원회 활동 개시에 즈음하여, 박지원 국정원장님에게 촉구합니다.

첫째, 국가정보원은 사찰 대상자 명단을 전부 공개해주시기를 바랍니다. 국가정보원이 불법적으로 사찰한 국민이 누구인지, 그에 대한 최소한의 정보를 확인해주시기를 바랍니다. 국가정보원은 지금까지 우리 국민을 사찰했지만, 우리 국민은 그 사실을 까맣게 모른 채, 두려움 속에 살아왔습니다. 사찰 피해자들에게 자신에 대한 사찰 사실을 확인할 수 있도록 하는 것, 그것이 '국정원 불법 사찰 진상규명'의 시작입니다.

둘째, 국가정보원이 지금까지 수집한 일반 국민 그리고 정치인에 대한 정보를 모두 공개해주십시오. 모든 정권에서 불법적으로 작성된 사찰 문건을 모두 공개해주십시오. 제가 이미 확인한 문건만 보더라도 훨씬 더 많은 문건이 존재하는 것을 알 수 있습니다. 저를 포함한 모든 사찰 대상자에 대한 모든 문건을 성실하게 공개해주시길 바랍니다.

이와 관련하여, 국가정보원의 퇴행적이고 불법적인 정보 공개를 지적하고자 합니다.

(1) 국가정보원은 지금까지 개인을 불법적으로 사찰하고도, 문건

을 공개하면서 '문건의 내용과 범위를 구체적으로 특정·보완'할 것을 요구하고 있습니다. 국가정보원이 불법적으로 작성했고 비밀로 관리하는 사찰 정보를, 그 어떤 대한민국 국민이 '구체적으로 특정'할 수 있다는 말입니까. 그리고, 어떤 문건이 존재하는지, 그 내용이 무엇인지를 전혀 알 수도 없는 상황에서, 도대체 어떠한 방법으로 '문건의 내용을 구체적으로 특정'할 수 있다는 말입니까. 사찰 당사자의 이름으로 작성된 모든 문건을 공개해주시기를 바랍니다.

(2) 또한, 국가정보원이 공개한 문건을 보면, 문건 작성의 목적인 '핵심 내용'을 완전히 삭제하거나 일부 내용을 무차별적으로 삭제한 다음, 사찰 피해자들에게 공개한 것을 알 수 있습니다. 이러한 국가정보원의 정보 공개는, '공개'가 아니라, 공개의 형식을 빌린 사실상의 '은폐'입니다. 국가정보원은 더 이상 국민에 대한 사찰 정보를 '은폐'하지 말고 온전히 '공개'해주시기를 바랍니다. 그리고, '공개' 후에는 사찰 피해자의 선택에 따라 '완전히 폐기'해주시기를 바랍니다.

셋째, 책임자를 모두 처벌해주십시오. 그것이 지난날의 범죄, 국가정보원의 잘못된 행위를 사죄받는 첫걸음입니다. 향후 다시는 국민을 사찰하는 일이 없도록 국가정보원을 개편해주십시오. 국가정보원에 대한 법적, 제도적, 인적 정비를 부탁드립니다.

넷째, 박지원 국가정보원장님은 민주 정부의 국정원장이고 대한민국의 국정원장입니다. 박지원 국가정보원장님은 민주 정부의 국정원장으로서, 그리고 대한민국의 국정원장으로서 국민께 사과해주시기를 바랍니다. 국가기관의 책임 있는 지위에 있는 사람은 과거에 저질러진 불법에 대해서도 사과할 책무가 있습니다. 자신이 하지 않은 일이라도, 지난 정부에서 벌어진 일이라도, 마찬가지입니다. 국가기관의 책임자라는 지위에서 오는 책무입니다. 우리나라도 그러해야 한다고 믿습니다. 국가정보원이 일반 국민에게 저지른 불법행위에 대해, 국가정보원장을 포함한 책임자들은 모두 사과해주시기를 바랍니다. 거듭, 국가정보원이 제대로 된 정보기관으로 거듭나기를 촉구합니다.

곽상언
(2021. 3. 24.)

수사인가, 보복인가

꽃이 죽어간다.
꽃이 피어있지 않는 한, 봄이 아니다.
우리 사는 세상이 잡초 무덤으로 되어갈까 두렵다.

다음은 2012년 6월 14일 자 〈오마이뉴스〉 기사의 내용이다 ('노정연 수사 담당' 대검 중수1과장, 내부 감찰 받아. (단독) 장모 관련 사건들에 압력행사 의혹).

◆ 노무현 전 대통령의 딸 정연 씨의 미국 고급 아파트 매입 의혹을 수사하는 윤석열(53) 대검 중앙수사부 1과장이 진정 사건으로 내부 감찰을 받고 있는 것으로 확인됐다.

◆ 윤 과장은 이명박 정부가 출범한 이후인 지난 2009년 9월부터 범죄정보2담당관과 중수 1·2과장 등 대검 요직에 올랐다.

- 충암고와 서울대 법대를 졸업한 윤 과장은 현재 대검 중수1과장을 맡고 있다. 그는 지난 3월 미술대학 출신의 화가 김 아무개(41) 씨와 결혼했다.
- 일각에서는 윤 과장이 지난 1일부터 10일까지 미국으로 출장 간 것에도 의심의 눈초리를 보내고 있다.
- 대검의 한 관계자는 "윤 과장이 국제반부패회의 참석차 미국에 출장 간 것은 맞다"면서도 "그런데 수사가 끝나지 않은 상황에서 해외 출장을 나간 것도 그렇지만, 중수1과장이 국제반부패회의에 참석한 것도 상당히 이례적 일"이라고 말했다.
- 윤 과장은 "국제반부패회의를 주관하는 세계은행에서 수사 실무자를 보내 달라고 해서 제가 가게 된 것"이라 일축했다.

아래는 국가정보원이 2012년 6월 4일 작성한 '사찰 문건'에 기재된 내용이다.

0 '노정연 수사' 실무 책임자인 OO OOOOO OOO은
6.4 ~ 8간 워싱턴에서 개최되는 세계은행 주최 '반부패 회의' 참석차 지난 6.1(금) 미국으로 출국
한국시간 6.4(월) 오전(뉴욕시간 6.3日 저녁)까지는 회의개최지 워싱턴 아닌 뉴욕에 체류 중인 것으로 확인되고 있는데
허드슨 클럽 등 현장을 점검하는 한편, 인근 코네티컷州에 거주하는

제보자 OOO 등 주요 참고인이 될 만한 인물을 비공개로 만나면서

* 외국 수사기관 관계자가 미 현지에 들어와 사건 관련 조사를 임의적으로 하는 것은 불법이니만큼 처신에 각별 유의

국제회의 참석이라는 본래의 목적과 함께 일석이조 활동을 전개 중인 것으로 전해지고 있으며, …

언론보도의 내용과 사찰 문건을 대조해보면 당시 '대검 중앙수사부 1과장'이었던 윤석열 검사가 사찰 문건 속의 주인공임을 알 수 있다. 윤석열 검사는 2012년 6월 세계은행이 주최한 '국제반부패회의'에 참석했고, 국제반부패회의는 2012년 6월 4일부터 6월 8일까지 워싱턴에서 진행되었다. 그는 '국제반부패회의'의 참석을 구실로 삼아 내 가족을 수사하기 위해 미국에 갔을 것으로 보인다.

윤석열 검사는 회의 시작 사흘 전인 2012년 6월 1일에 미국으로 갔고, 회의 종료 이틀 후인 2012년 6월 10일까지 미국에 머물렀다. 게다가 윤석열 검사는 회의개최지인 '워싱턴'에 머물지 않고 '뉴욕'에 체류했다. 또 그가 미국 출장 기간 회의개최지가 아닌 '뉴욕'에 체류하면서 '현장을 점검'하고 '참고인이 될 만한 인물을 비공개로 만났다'. 이에 대해 국정원은 "외국 수사기

관 관계자가 미 현지에 들어와 사건 관련 조사를 임의적으로 하는 것은 불법"이라고 단언하면서, 윤석열 검사에게 "처신에 각별 유의"하라고 조언하고 있다. 그렇다면, 윤석열 검사의 수사는 불법으로 볼 수 있다.

나는 '검사 윤석열'에게 묻지 않을 수 없다. 검사 윤석열의 이러한 수사는 '정치 보복'이었던가, 아니면 그저 평범하고 적법한 '수사'이었던가. 검사 윤석열은 언젠가 답해야 할 것이다.

내가 정보공개청구를 통해 국가정보원으로부터 제공받은 '사찰 문건'은 무려 37건이다. 그 중 '수사' 상황이 기재된 '사찰 문건'은 모두 22건이다. '수사'의 내용이 담긴 '사찰 문건'은 모두 '이명박 정부' 당시에 생성된 문건이다. 그런데, 22건의 문건 중 단 1건을 제외하고, '수사'의 내용이 기재된 21건의 '사찰 문건'은 모두 윤석열 검사가 이명박 정부에서 '대검찰청 범죄정보2담당관', '대검 중앙수사부 1·2과장', '서울중앙지검 특수1부 부장검사'로 승승장구하던 시기에 생성된 문건이다.

또 2012년에는 제19대 국회의원선거가 4월 11일에, 그리고 제18대 대통령 선거가 12월 19일에 예정되어 있었다. 그렇다. 2012년은 '선거의 해'였다. 그 '사찰 문건'의 내용 중 '정치적 수사'를 암시하는 내용만 간추리면 다음과 같다.

◆ 노 전 대통령의 투신 사망으로 사법 처리는 중지되었다 할지라도 관련자들의 도덕·정치적 책임을 묻고 언론보도 등을 통해 국민들도 알고 역사적으로 정리될 필요가 있다면서… ※ 결정적 증거 자료 입수하겠음 (2010. 6. 9.)

◆ 보안 유지하 과거 노무현 사건 기록을 재검토하며 관련자 소환 등 본격 수사 개시 타이밍을 재던 대검 중수부는… (2012. 2. 27.)

◆ 대검 내부에서는, 그런 일은 없어야겠지만, 이번 수사 과정에서 09년도 자살사건 같은 불상사가 재발될 수도 있음을 우려하며 상당히 조심스런 분위기인데, 정치적으로 이용하려다가는 역풍을 맞을 수 있다고 제언하면서, 관심을 줄이고 놔두면 一家의 비도덕적 행위가 자연스레 오픈되고 국민들이 객관적으로 판단할 수 있는 단초들이 제공될 것이기 때문에, 우선은 주변 보강조사를 통해 증거를 더 확보하고 시간을 끌어 보겠다는 입장인 한편, 내부적으로는, 수사 방점을 ① 노정연 기소가 더 중요한가? ② 연말까지 사태를 잘 관리하고 추스르는 게 더 중요한가?를 두고 고심 역력. (2012. 5. 31.)

◆ 외국 수사기관 관계자가 美 현지에 들어와 사건 관련 조사를 임의적으로 하는 것은 불법이니만큼 처신에 각별 유의 (2012. 6. 4.)

- 조사방식을 두고 장고를 거듭했던 대검 중수부(○○○○○)는… 여타 정치적으로 민감한 사건 수사 진행 상황을 보아가며 수사 템포를 적절히 조절하겠다는 내부 입장인데… 수사를 속전속결로 밀어부칠 경우 정치적 부담도 상당한 만큼, ○○○○ ○○○○ 등 다른 사건들과 '가닥을 맞춰가며' 템포를 조절키로 하고, 외부적으로는 에둘러 'low-key' 스탠스 시현. (2012. 6. 12.)

- ○○○○○은 ○○○○○에게 … 大選 정국에 노무현 관련 수사가 쟁점화 되지 않도록 상황관리에 주의를 기할 것을 주문. (2012. 6. 19.)

- 문제는 외화밀반출의 공범으로서 '불구속 기소'할 것인지, '무혐의' 처리할 것인지에 대해 ○○○○○ · ○○○○○ 또한 심적 부담 아래 아직까지 가닥을 잡지 못한 것으로 파악… 무리하게 기소해 놓고 공판에서 혐의를 입증하지 못해 연말 선거 일정을 앞두고 1심 무죄판결을 받을 경우 역풍을 맞을 가능성도 배제할 수 없어… ★ 검찰 수뇌부는… '연말까지 노정연 관련 건을 끌고 갈 경우 得보다 失이 많을 수 있다'고 우려…(2012. 6. 19.)

- '2011년 외국환거래법이 개정되면서 밀반출 금액이 50억 원 이하일 경우 '과태료 처분'토록 법이 완화되었고, 동사건 행위 시점이 '09.

1월인 점을 감안해, 법 개정 이전으로 소급 적용한다 해도 '1년 이하의 징역 또는 벌금형'인데, 그 정도 형벌을 부과하기 위해 '정치적 역풍을 각오하고 재판에 세울 필요가 있는가'라는 논쟁이 수사진 내에서 대두 중으로, … 차라리 '정부가 아량을 베풀었다는 시그널을 주는 것이 효율적이지 않냐'고 OOOOO에게 의견을 개진했는데, ★ '이번 사건 하나만 보지 말고 넓게 보고, 큰 틀에서 결정하자'는 것이 내부 중론… (2012. 6. 22.)

◆ 수사진들이 불구속 기소 방향을 우려하는 이유는 … 잘잘못을 떠나 노무현 추종 세력들을 감정적으로 단결시켜 연말 정국에 좋지 않은 영향을 끼칠 수 있다는 정무적 판단에 기인. (2012. 7. 6.)

윤석열 검사는 이명박 정부에서 '정치적 수사'를 했는지, 아니면 그저 평범하고 적법한 '수사'를 했는지 답해야 한다. 또 윤석열 검사는 답해야 한다. 자신의 수사가 '정치적 수사'에 머물렀던 것인지, 아니면 수사를 도구로 한 '정치 보복'을 한 것인지를 말이다.

사건의 실체

자연적 치유와 망각은 개인적 고통에 한정한다.
국가의 불법은 자연적으로 치유되거나 집단으로 잊히지 않는다.
그렇게 되어서도 안 된다.

나는 2009년부터 지금까지 자주 언론에 소환되었다. 검사 윤석열이 내 아내를 본격적으로 다시 수사하기 시작한 2012년에는 그해 2월부터 엄청난 양의 언론보도가 있었다. 조국 전 법무장관의 일가에 대한 수사에 대한 보도량이 어느 정도인지 알 수 없으나, 그 당시 우리 가족에 대한 언론보도의 양도 엄청난 것이었다. 그 후, 내 아내는 윤석열 검사의 수사를 받았다. 윤석열 검사는 2012년 8월 29일 내 아내를 기소했고 내 아내는 형사재판을 받았다. 나는 내 아내 사건의 변호인으로 내 아내를 직접 변호했다. 2012년 12월 19일, 제18대 대통령 선거가 실시되었고, '박근혜 후보'가 대통령 당선인이 되었다. 대통령 선거 직후 진행된 2012년 12월 26일에는 내 아내 사건의 재판이 있었다.

국가정보원의 2012년 12월 27일자 '사찰 문건'에는 당일 재판 내용이 기재되어 있다.

「O 한편 곽상언 변호사는 동 공판에서 주변에 앉은 방청객들조차 잘 알아듣기 어려울 정도로 작은 목소리로 단답식 변론에 임했는데, 최후 변론에서는 노정연의 흐느낌 속에 조용한 어조로 발언
노 前 대통령의 딸로서 오해받을 일이나 불법적인 일에 관여하지 않았으며 관여했다면 처벌을 받아 마땅하지만 OO의 부탁으로 계약을 했다면서,
노 전 대통령 수사로 인해 당시 정상적 생활이 불가능했고, 금년 2월 검찰 수사 당시에는 임신 9개월의 몸으로 힘들게 조사를 받아야 했으며, 다행히 건강하게 출산하여 젖먹이 아이가 있다면서,
최고 공직자의 딸로서 혐의가 인정되면 합당한 벌을 감수해야 하지만 도덕적 비난으로서 형벌보다 더 가혹한 벌을 받았다며 이를 참작해 달라고 변론.」

그 당시, 검찰발 언론보도를 보면서 그리고 윤석열 검사의 수사 기록을 보면서, 나는 이 사건을 접하게 됐다. 나는 수사 기

록을 보았고 내 아내를 변호했다. 하지만, 나는 지금까지도 이 사건의 실체를 알지 못하며 내 아내가 처벌받을 당사자는 아니라고 생각한다. 그런데도, 나는 지금까지도 종종 '돈 때문에 장인어른을 돌아가시게 한 놈'이라고 비난받고 있다.

부탁하고 싶다.

지금도 내가 미국에 집을 가지고 있고 이 때문에 장인어른께서 돌아가셨다고 믿고 있는 분들은 그 집을 내게 '꼭' 찾아 주시기를 바란다. 그렇게 하면 내가 이런 비난을 기꺼이 받겠다. 만일 내가 미국에 집을 가지고 있지 않기 때문에 그 집을 찾지 못한다면, 이제는 나와 내 가족을 이런 비난에서 해방시켜 주기를 바란다.

한때, 노무현 대통령에 대한 비난이 '국민 스포츠'로 인식되던 시절이 있었다. 노무현 대통령에 대한 비난과 조롱은 어르신께서 돌아가신 후에도 무척이나 오랫동안 지속되었다. 노무현 대통령과 그 일가에 대한 조롱이 나를 끝으로 멈추기를, 이 책의 출간을 마지막 시점으로 그치기를 바라고 또 바란다.

용서한다. 그렇다고 잊지는 않는다.

복수復讐 혹은 처벌處罰에 대해서 일반적으로 이렇게 설명한다.

사람에게는 복수심이 있다. 자신에게 해악을 가한 사람을 응징하고 싶은 욕구가 있다. 자신이 당한 것 이상으로 되갚아 주는 경향이 있다. 그래서 자신이 당한 해악과 같은 정도, 혹은 자신이 당한 해악과 같은 해악만을 되갚도록 하는 법칙이 생겼다. 이것이 '동해보복同害報復'인데, 원시 미개사회에서 볼 수 있는 정의 관념으로, 무제한의 복수를 허용하던 단계에서 같은 정도의 복수까지만 허용하는 진일보한 복수 혹은 처벌이라고 이해되고 있다.

한편, 해악을 당하는 사람이 직접 복수할 수 없도록 해야 한다. 사적 복수가 본래 가지고 있는 과대보복의 성질 때문이다. 그래서 국가가 피해자를 대신하여 가해자를 응징한다. 이것이 국가 형벌권으로 일컬어지는 '처벌'이고, 이때 가해지는 처벌의 수준 및 방법은 그 사회의 발전 수준에 따라 변모된다.

하지만 아무리 같은 종류 혹은 같은 정도라고 하더라도, 해악을 해악으로 응징하는 것은 선이라고 할 수 없다. 해악을 해악으로 응징하는 것은 원시적이고 미개한 것이다. 해악을 가한 자를 용서하는 방법을 택해야 한다. 이러한 태도가 "용서한다. 하지만 잊지 않는다"라고 표현되는 복수심의 해결 방법이다. 이때에는 사적인 복수는 물론, 어떠한 처벌도 수반되지 않는다. 이러한 태도를 이상적인 문제 해결 방식 혹은 수준 높은 정신세계의 대응 방식이라고 본다.

나는 이렇게 생각한다.

'복수復讐'

해악을 가한 자가 자신의 악행에 대해 아무런 대가를 받지 않게 되면, 그 사람은 물론 그의 악행을 눈으로 보는 사람 모두, 그의 악행을 인간사의 자연스러운 행위로 받아들일 수 있다. 해악을 당한 사람의 억울함과 고통도 악행에 수반되는 자연스러운 그것으로 생각하게 된다. 이러면 해악을 가하는 지위에 있는 사람은 간혹 타인에게 고통스러운 운명을 받아들일 것을 강요하기도 한다. 고통 속에 빠진 사람의 처벌을 빙자하여 악행의 놀잇거리로 삼기도 하고, 어떤 부류의 사람을 감정적인 기준으로 악행의 대상으로 삼기도 한다.

이러한 불합리·부정의에 맞서는 감정이 '복수심'이다. 고통을 가한 사람에게, 그가 타인에게 가한 고통이 어떤 것인지를, 그 실체를 알게끔 하는 것이 '복수'이다. 그래야만, 해악을 가한 자가 다시는 같은 행위를 반복하지 않는다. 그전에는 타인의 아픔을 느끼지 못했더라도 이제는 자신이 실제로 고통을 당함으로써 '최소한' 그가 앞으로 해악을 가하기를 주저하거나 그만두게 되기 때문이다.

'동해보복^{同害報復}'

하지만 해악을 당한 사람은 자신의 감정을 해소하기 위해서 복수해서는 안 된다. '복수'는 필요하되, 복수의 상한은 '같은 정도의 고통'이고, 그에 수반하는 '감정적 고통' 자신의 몫이다. '동해보복', '생명에는 생명으로, 눈에는 눈으로, 이에는 이로'라고 표현되는 법칙이 필요한 이유이다. 어느 경우에건 자신의 행위 이상의 처벌을 받아서는 안 된다.

"용서^{容恕}한다. 그렇다고 잊지는 않는다."

하지만 '복수'는 반드시 행위자에게 물리적으로 같은 고통을 가하는 형태로 이루어질 필요는 없다. 해악을 가한 자를 용서하는 것도 '형태가 다를 뿐' 복수하는 것이다. 고통을 당한 사람이 그 고통을 선사한 사람을 용서하면, '용서'로써 '치욕'을 선물로 준다. 또한, '기억'함으로서, 현재의 용서가 그의 회오^{悔悟}를 전제하는 것이라는 사실을 깨닫게 해주는 것이다.

자신의 악행에 대해 용서를 구하는 사람의 치욕적인 삶은 이렇다.

오직 육신의 고통을 피하려고, 반성도 없이 용서를 구걸하는 삶, "보복의 반복성을 끊기 위해서는 복수가 허용되어서는 안 된다"라며 오히려 피해자를 훈계하는 치졸한 삶, 자신의 악행에 합당한 처벌조차 받지 못하고, 스스로 그 옹졸함을 느끼지도 못하며, 가해적 태도를 반복하는 짐승 같은 삶, 이런 치욕적인 삶을 육체적 고통 대신 선사하는 것이다.

하지만 원시 사회의 미개한 사람들도 이런 치욕스러운 삶을 원하지 않았다. 그들이 원한 것은, 혹은 그들이 함께 만든 규범은, "같은 정도의 고통까지 감내하는 것 同害報復"이었다.

오늘 넬슨 만델라가 세상을 떠났다고 한다. 어느 신문에서 그가 그의 조국에 대해 펼친 정책을 "그대를 용서한다. 그렇다고 잊지는 않겠다 forgive without forgetting."으로 평가하는 것을 보았다.

"그대를 용서한다. 그렇다고 잊지는 않겠다."

곽상언

(2013. 12. 6.)

'공익公益'이 무엇인가.
흔히들 '공익을 추구한다'라고 이야기하는데, 무엇이 공익인가.

지금까지의 경험으로 미루어보면, '공익 추구'라는 명목으로
자신의 명예욕을 충족시키고 싶어 하는 사람이 많았다.
공익을 추구한다는 것은 매우 시혜적인 발상이다.
우월한 지위에서 뭔가 베푼다는 것인데 나는 이런 태도가 거북하다.

내가 생각하는 공익은 세상을 살며 타인을 위해 조금 덜 욕심을 내고
주위에 있는 사람들께 조금이라도 친절한 생활방식이다.
나는 타인의 공익을 '위하는' 사람이다.

IV

공익

2012년 여름, 불행을 체념하고 행복을 결심하다

국가는 국민의 생존을 보호하고 보장해야 한다.
국민은 가정에서 가족의 생존을 위해 전기를 사용할 뿐이다.

"아니, 무슨 전기세가 20만 원이나 나왔어?"

아내의 목소리에 짜증이 잔뜩 섞여 있었다. 아낀다고는 했지만 셋째가 태어난 그해 여름만큼은 에어컨 없이 견디기가 힘들었다. 당장 방문을 열고 나가 고지서를 들여다보며 맞장구라도 쳐주고 싶지만 그럴 수가 없었다. 왜? 내 몸은 병균 덩어리였으니까. 아이들과 아내에게 옮기기라도 하면 큰일이었다.

2012년 여름, 나는 심한 눈병에 걸렸다. 수영장에 놀러 간 큰아이가 눈병에 걸려 돌아왔다. 나는 "우리 딸 괜찮아. 아빠가 대신 옮아서 빨리 낫게 해줄게"라고 말하며 우리 딸과 뽀뽀하며 눈을 비볐다. 그게 화근이 되었다. 길어도 열흘이면 낫는다는 유행성 결막염(소위 '아폴로 눈병')이건만 어찌 된 일인지 두 눈에서 피고름이 뚝뚝 떨어질 지경이 되었다. 앞이 보이지 않았다. 의사도 나 같은 환자는 교과서에서만 봤을 뿐 실제로는 처음 봤다며 실명失明할 가능성이 높다고 경고했다.

그 무렵 일은 고사하고 방 밖으로 한 발짝도 나갈 수가 없었다. 하루 종일 할 수 있는 것이라곤 방에서 누워있거나 앉아있는 일이었다. 알코올로 틈틈이 손도 닦았다. 하루 종일 누워 있으니 하루에 한 끼만 먹어도 될 정도로 식욕이 급격하게 줄어들었다. 그야말로 눈뜬장님 신세가 되었다. 누워만 있으니 체력도 급격히 약해졌다. 몇 달 그렇게 지내다 보니 어느 날 심장이 쿵 하고 내려앉는, 마치 심장마비가 오는 듯한 느낌이 들었다. 사람이 이렇게 죽는구나 싶었다. 한참 만에 숨을 가다듬었다. 순간 지금까지 내가 무엇을 위해 살아왔는지 회의감이 들었다.

그리고 생각했다. 다시 건강해진다면 나는 정말 순간순간 행복해질 것이라고. 일도 더 많이 열정적으로 할 것이고 가족을, 사람들을 더 많이 사랑할 것이라고. 매 순간 최선을 다해 행복해질 것이라고. 그래서일까? 신기하게도 2013년 이후 2020년까지는 한 번도 아프지 않았다.

투병하는 기간 동안 유일한 낙樂은 밤이 되기만을 기다리는 것이었다. 아이들을 다 재운 후 아내가 방에 찾아오면 함께 손을 잡고 산책을 할 수 있었기 때문이다. 눈이 되어준 아내가 정말 고마웠다. 그때 결심했다. 눈이 다 나으면 아내에게 보답하리라. 왜 우리 집은 그해 여름 갑자기 전기세 폭탄을 맞게 되었을까. 그것이 전기요금 체계에 대한 분석을 시작하게 된 동기 중 하나가 되었다.

생명生命, '살라'는 명령

겨우내 잠들었던 몸이 봄볕을 받고 깨어나려 한다.
움츠려 있어도 내 속에 아직 힘이 남아있었나 보다.
고맙다.

모든 일은 살면서 겪는 것이고, 사람은 움직이는 삶을 통해 경험하는 존재이다.
살아서 움직이지 않으면, 아무것도 느낄 수도, 경험할 수도 없다.

봄볕이 나를 깨운다.
봄볕이 나에게 살라고 한다.
그 명령에 따라, 삶을 다시 틔우리라.

생명生命, '살리라'는 명령

선택의 기준은 간단하다.
생명을 살리는 것이 정의이고 복음이다.
살리라는 명에 따르는 선택은 모두 정의롭다.
그 어떤 아름다운 가치도 생명을 앞설 수는 없다.

여인이 넘어졌다.
넘어진 여인이 아파하고 있다.

돌부리를 탓할 수 없다.
왜 넘어지게 되었냐고 탓해서는 안 된다.
다시 일어설 수 있도록, 아픔을 넘을 수 있도록, 손을 잡아 일으켜야 한다.

선택은 생명을 살리는 것이어야 한다.

** 첫 번째 글 "생명生命, '살라'는 명령"은 나를 위해서 썼다. 두 번째 글 "생명生命, '살리라'는 명령"은 내 아내를 위해서 썼다. 첫 번째 글로 내 삶을 돌아봤고, 두 번째 글로 내 아내를 위한 선택을 했다. **

소송의 시작

본 소송은 표면적으로는 한국전력공사(이하 한전)를 상대로 하는 것이지만
실질적으로는 대한민국 정부를 상대로 제기하는 것이다.
정부가 한전의 전기요금을
전기공급약관을 통해 결정하고 있기 때문이다.
또한, 본 소송은 지금까지 수십 년 동안 이어온
대한민국 정부의 부당한 전기요금 부과에 대해 항의하는 의미도 있다.

변호사업은 뒷수습하는 직업이다. 본질상 타인의 사건을 대리하는 것이고, 변호사가 독자적으로 사건을 창출할 수 없다. 타인이 어떤 사고를 쳐야 뒷수습하는 것이다. 수사기관은 누군가가 범죄로 규정된 어떤 행위를 저질러야 그 때서야 수사할 수 있다. 법원도 마찬가지로 타인이 소송을 진행하거나 검찰이 기소해야 재판을 할 수 있다. 모두 사후적인 일로 뒷수습하는 것이다. 사건 당사자를 대리하여 일하는 변호사는 그 본질상 사후적일 수밖에 없고 주도적일 수가 없다.

그런데 내가 진행한 '누진제 전기요금 사건'은 다르다. 이 사건은 내가 2012년부터 연구해서 진행한 창작물이다. 선례도

연구자도 없었고, 내가 처음부터 지금까지 모든 것을 연구하고 기획했고, 사건의 진행도 현재의 법제도 내에서 가능한 방법을 찾아 국민의 참여를 독려했다. 국민께서는 용기를 내서 참여하시라, 내가 선봉에 서겠다는 마음이었다.

나의 문제의식은 이렇다. 한전은 정부의 인가를 받은 '전기공급약관'을 통해 전기사용자에게 전기요금을 부과한다. 한전의 전기공급약관은 오직 '주택용' 전기요금에 대해서만 '누진제'를 도입하고 있고, 주택용 전기요금에 도입된 누진제 때문에 일반 가정은 과다한 전기요금을 납부하고 있다. 특히 소득이 낮은 국민일수록 자신의 소득에 비해 더 많은 전기요금을 납부하고 있어, 가장 가난한 국민이 가장 큰 피해를 보고 있다. 또한 국민은 24시간 내내 전기 에너지를 소비하고 있지만 전기 소비와 관련한 그 어떤 권리도 없고 자유도 없다. 그저 한전과 정부가 정하는 대로 전기요금을 납부할 뿐이다.

나는 우리에게 우리 삶의 조건을 결정할 자유가 있다고 믿고 있다. 또한, 우리에게는 삶의 수단이 공정한 사회를 만들어가야 할 의무가 있다고 생각한다. 그래서 나는 익숙한 부정의를 바로잡기 위해서, '비정상화의 정상화'를 위해서, 우리 사회의 '적폐'를 해소하기 위해서, 이 소송이 꼭 필요하다고 생각하고 시작했다.

나는 이 소송을 통해 세 가지를 현실화시키려 했다. 하나는, 한전이 지금껏 부당하게 징수한 전기요금을 전 국민에게 돌려 드리는 것이었다. 과거의 불법을 시정하자는 의미다. 둘은, 향후 전기요금 체계를 개편하여 다시는 국민으로부터 부당한 요금을 징수하지 못하게 하는 것이었다. 현재 및 장래의 불법을 방지하자는 의미다. 셋은, 국가 혹은 거대 집단이 전기 판매와 같은 은밀한 방법으로 불법과 부조리를 저지르지 못하게 하는 것이었다. 한전은 수십 년간 국민으로부터 과다한 전기요금을 징수하고 거대 재벌에는 염가로 전기를 판매함으로써 국가적 불균등을 심화시켰다.

2014년 단 스무 명으로 시작한 이 소송은 2년만인 2016년 9월에는 2만 명을 돌파했다. 견고한 부정의의 성벽에 당당히 맞선 이웃들의 탄원이 모인 것이다. 강고한 성벽에서 풀려나고자 하는 국민이 촛불을 들었고, 그 촛불은 횃불로, 다시 들불로 번진 것이다. 이러한 상황을 보며, 대한민국 정부는 2017년 1월부터 주택용 전기요금 체계를 개편했고, 이로써 2017년부터는 매년 1조 2천억 원가량의 전기요금이 낮아지게 되었다.

소송 과정에서 나의 지인들은 대부분 이렇게 말했다. "당신의 말이 사실이냐, 거짓말하지 말라. 설령 사실이라고 하더라도 한전을 상대로 정부를 상대로 이길 수 있겠느냐, 우리나라가 어떤 나라인데." 나는 "모두 사실이고 통계적으로 분명하다. 나는 그래도 사법부를 신뢰한다. 이 사건은 반드시 이긴다."라고 반박하며 합리적인 판결을 기대했다. 하지만 결과적으로 내 지인들의 의견이 현실이 되어가고 있다. 이 사건이 모두 종결되지는 않았지만, 대법원이 2023년 4월경 국민의 청구를 기각하는 취지로 판결했기 때문이다.

국가는 국민을 보호해야 한다. 그것이 존립 이유다. 그런데, 반드시 이겨야 하는, 그리고 이길 수밖에 없는 이 사건에서 패소했다. 내가 '부득이不得已'한 사람이라서 이런 결과를 낳게 되었는지, 사법부가 '부득이'한 권부라서 이런 판결을 선고했는지, 한전이 '부득이'하게 강고한 회사라서 국민이 패소했는지 알 수 없다. 하지만 이렇게 뭇사람들의 탄원이 견고한 성을 넘지 못하고 '부득이'하게 멈추게 된 상황이 너무도 슬프다. 우리가 삶의 기본조건도 선택할 수 없는 '부득이'한 국가에서 살게 되어 서럽기까지 하다.

꽃밭

들판에 핀 꽃들을 보면 아름다움을 느낀다.
여러 색, 갖은 모양으로, 자기 모습을 드러낸 생명을 보았기 때문이다.
아름다움은 다양한 생명이 맘껏 뿜어내는 생명력이다.

꽃은 자기 말을 한다.
모든 꽃에 꽃말이 있는 이유이다.
모양이 다르다고, 나와 다른 말을 한다고, 그래서 꽃이 아니라고, 뽑아 버려서는 안 된다.
하나의 꽃으로만 이루어진 꽃밭은 이미 꽃밭이 아니기 때문이다.
볼품없는, 아니 볼썽사나운 무시무시한 거친 잡초 무덤에 불과하기 때문이다.

꽃이 죽어간다.
꽃이 피어있지 않는 한, 봄이 아니다.

우리 사는 세상이 잡초 무덤으로 되어갈까 두렵다.

우리나라 전기요금의 실체

전기요금 규정의 첫 출발은
'조선전기령'이라는 조선총독부의 훈령이다.
여기에 이런 규정이 있다. '전기요금은 조선 총독이 정한다.'
수탈이 목적이었던 조선 총독조차
누진제를 도입할 생각을 하지 않았다.

전기요금 누진제는 1973년 석유파동으로 고유가 상황이 지속되자 에너지 절약과 저소득층 보호를 위해 도입되었다고 한다. 전기 사용량이 많을수록 단계적으로 전기요금이 증가하는 요금제도이다. 이 말을 반대로 생각해보자. 1974년 이전에는 누진제 전기요금이 없었다는 것이다. 심지어 일제 강점기에도 전기요금 누진제는 없었다는 것이다. 단지 우리는 그동안 전기요금 누진제가 당연하다고 여겼던 것뿐이고 그래서 이상하거나 불공정하다고 인식하지 못한 것뿐이다.

한국전력공사는 대한민국 정부의 인가를 받은 '전기공급

약관'을 통해 전기사용자에게 전기요금을 부과하고 있다. 전기공급약관은 (1) 6가지 종별(주택용, 일반용, 교육용, 산업용, 농사용, 가로등)로 전기요금을 분류하고(제55조 이하), (2) 전기요금을 기본요금, 전력량 요금 등으로 나누어 그 합계액을 전기요금으로 하며(제67조 제1항), (3) 기본요금과 전력량 요금은 1개월마다(월간 전기요금표)의 전기요금에 따라 계산하여 부과한다(제67조 제2항).

그런데 한전의 전기공급약관은 다른 전기요금과는 달리 유독 일반 가정에서 사용하는 '주택용' 전기요금에 대해서만 '누진제'를 도입하고 있고, 주택용 전기요금에 도입된 누진제 때문에 일반 가정은 과다한 전기요금을 납부할 수밖에 없다.

한전의 전기공급약관은 대한민국 정부의 방침에 따라 수시로 개정되므로, 아래에서는 내가 소송의 대상으로 삼았던 전기공급약관 중 하나인 '전기공급약관(2012년 8월 6일부터 2013년 11월 21까지 적용됨)'을 중심으로 살펴보겠다.

한전는 주택용 전기요금에 대하여 다음과 같이 설명하고 있다. 주택용 전기요금은 1단계(사용량 100kWh 미만), 2단계(사용량 101~200kWh), 3단계(사용량 201~300kWh), 4단계(사용량 301~400kWh), 5단계(사용량 401~500kWh), 그리고 6단계(사용량 500kWh 초과)로 구분하고 있는데, 이와 같은 주택용 전기에 대한 누진제는 약 11.7배의 누진율로 다소 과도하기는 하지만 저소득층을 보호하고 전기의 과다 소비를 억제하기 위해 도입되었다고 한다.

그러나 우리나라 전기요금의 실상은 이와 전혀 다르다. 먼저, 한전의 발표에 의한 경우에도 주택용 전기요금의 누진율(전력량 요금의 최고요금과 최저요금 사이의 비율)은 무려 11.7배에 이르는 것으로서, 주택용 전기요금의 누진율은 지나치게 과도한 것이며 이처럼 과도한 누진율 때문에 일반 국민이 납부하는 전기료가 매우 높을 수밖에 없다.

하지만 우리나라 각 가정이 부담하는 실질적인 전기요금의 누진율은 한전의 발표를 훨씬 능가한다. 전기 사용량에 따른 전기요금의 실제 누진율은 단순히 '전력량 요금의 최고요금과 최저요금 사이의 비율'인 명목상 누진율과 다른 것이기 때문이다. 전기 사용량이 증가할수록 전기요금의 증가율은 가히 폭발적이다.

예컨대 저압 전력(표준전압 110V 이상 380V 이하)을 사용하는 일반주택의 경우, 55kWh 사용자는 대략 3,574.50원가량을 전기요금으로 지불하고 있다. 그런데 만일 주택용 전기요금의 누진제가 없다면 전기 사용량에 비례한 전기요금이 부과될 것이므로, 550kWh 사용자는 55kWh 사용자 전기요금의 10배가량을 전기요금으로 지급하면 될 것이다. 하지만 주택용 전기요금의 누진제로 인하여 550kWh 사용자는 55kWh 사용자 전기요금의 10배인 35,745원을 전기요금으로 납부하는 것이 아니라, 55kWh 사용자 전기요금의 41.6배인 148,615원가량을 전기요금으로 납부해야 한다. 결과적으로 550kWh 사용자는 주택용 전기요금의 누진제로 인하여 약 31배 이상의 차액을 더 내야 하는 결과가 발생한다. 결국 주택용 전기요금의 실질적인 누진율은 일정 비율로 계산할 수 있는 것이 아니고, 전기 사용량에 따라 대폭 증가하게 되는 것이다.

다음으로, 주택용 전기요금의 누진제는 고압 전력을 사용하는 '아파트'보다 저압 전력을 사용하는 '일반주택(단독주택, 다세대 주택, 연립주택 포함)'에 더 많은 전기요금이 부과되도록 설계되어 있는데, 일반적으로 '아파트' 거주자가 '일반주택'의 거주자보다 부유하고 전기 사용량도 더 많다는 사실을 고려하면, 저소득층에 해당할수록 더 높은 전기요금을 부과하고 있다는 사실을 알 수 있다.

나아가 한전은 일반 가정에 판매하는 주택용 전기에 대해서는 '누진제'를 통해 과도한 전기요금을 징수하여 이익을 얻고 있는데 반해, 전체 전력 판매량의 55%에 이르는 산업용 전력에 대해서는 원가 이하로 판매하여 손실을 보고 있다(산업용 전력 사용량 중 73.5%는 대기업이 사용).

2012년을 기준으로 보면, 1kW당 전력 판매단가는 주택용 119.99원, 일반용 101.69원, 산업용 81.23원, 산업용 중 대기업이 사용하는 요금은 78.32원이다. 따라서 한전은 똑같은 전기를 대기업에는 약 78원에 팔고 일반 가정에는 약 120원에 판매한 것이므로, 일반 가정은 대기업에 비해 50% 이상 비싼 전기요금을 부담해왔다.

결국 한전 혹은 전기공급약관을 승인한 정부는, 모든 국민이 꼭 사용해야 하는 '전기'를 이용하여 그리고 '전기요금'을 매개로, 일반 국민의 지갑에서 돈을 꺼내 대기업의 수익을 보전해주고 있는 것으로밖에 해석할 수 없다.

마지막으로, 우리나라의 주택용 전기요금에 대한 '누진제'와 같은 제도를 채택하거나 우리나라와 같이 고율의 누진율을 주택용 전기에 적용하는 나라는 전혀 없다. 예컨대, 미국도 '누진제'를 도입한 주(州)가 있기는 하지만 전력판매시장에 경쟁이 도입되어 있고 극히 일부 전기판매회사가 채택한 누진제도 '하계(여름)'에만 적용하거나 누진율이 1.1배가량에 불과하고 누진제가 적용되는 전기 사용량은 600kWh 혹은 1,000kWh이므로 누진제 요금이 적용되는 사례가 많지 않다. 다른 나라도 마찬가지다.

결국 주택용 전력에 대해 '누진제'를 도입한 국가가 전 세계적으로 거의 없으며, 우리나라와 같은 누진제를 채택한 나라는 전혀 없다. 그렇다면 우리나라의 주택용 전기에 대한 '누진제'는 유래를 찾기 힘든 과도한 것이라고 볼 수 있겠다.

누진제 도입 취지는 저소득층 보호와 에너지 절약이라고 한다. 이 두 가지의 허울 좋은 명목을 가지고 수십 년 동안 국민에게 세뇌 교육을 했고 이 방법이 통했다. 이 요금 체계를 설계한 사람은 요금 체계가 갖는 의미를 알겠지만, 그 사람 이외의 사람은 전혀 모를 것이다. 심지어 대통령도 정부 각료도 알 수 없을 것이라고 생각한다. 그래서, 지금까지의 모든 정부가 전기요금의 문제를 제대로 알지 못했을 것으로 생각한다.

'에너지 바우처'를 예로 들어 본다. 도입 취지는 에너지 빈곤층에게 에너지에 대해서 접근할 기회를 많이 주고자 하는 것이다. 자신의 소득 수준을 증명하고 몇 가지의 자료를 제출하면, 에너지 바우처를 주고 그 에너지 바우처를 가지고 한전의 전기에너지를 구매하게끔 한다. 누진 요금제로 인해 많은 전기요금이 나올 수밖에 없는 현실, 그리고 저소득층이 소득수준에 비해 더 많은 전기요금을 내는 현실을 보완하고자 도입된 제도이다. 누진 요금제 때문에 저소득층이 과도한 전기요금을 납부하는 것은 어쩔 수 없지만 '에너지 바우처'로 달래겠다는 것이다. "몽둥이로 때리는 것은 나쁘다. 그렇다고, 몽둥이로 때리는 것 자체를 금지할 수는 없고, 몽둥이로 때려 생긴 상처를 치유할 수 있도록 반창고를 붙여주겠다"는 사고방식이 제도화된 것이다.

전기요금이 처음부터 정당하고 공정하다면 '에너지 바우처'라는 제도는 처음부터 있을 필요가 없다. 즉 이 '에너지 바우처'라는 제도가 존재한다는 것은 주택용 전기요금 체계가 문제가 있다는 것이고, 기초생활 수급자가 그 소득에 비해 '높은 전기요금'을 납부한다는 것이다. '조삼모사^{朝三暮四}'이거나, '사후약방문^{死後藥方文}'이 따로 없다.

게다가 '에너지 바우처'라는 제도가 존재하더라도 실효성이 없다. 첫째, 일단 '에너지 바우처'라는 제도가 있다는 것을 모르는 에너지 빈곤층이 너무 많다. 둘째, '에너지 바우처'라는 제도를 아는 기초생활 수급자라 하더라도 제출하는 서류의 개수 등을 늘리는 방법으로 그 신청 요건을 까다롭게 하면 실효성이 있을 수 없다. 셋째, 이런 제도를 둠으로써 이런 제도의 전제인 '전기요금 체계'가 처음부터 정당하다는 인식을 준다. '우리는 이런 부작용까지 전부 다 고려하여 아주 선량한 요금을 설계한 것이다'라는 인식이다.

'에너지 바우처' 제도로 집행되는 예산은 따로 편성되어 있다. 이 말은 '그 예산에 맞게 집행한다'라는 것이다. 기초생활 수급자의 필요에 따라 집행하는 것이 아니다. 전기를 사용할 때는 요건이 없는데, 돌려받을 때는 요건이 있다. 내가 얼마나 가난한지, 입증해야 한다.

누진제는 모든 사람에게 연관된 이슈이다. 하지만 이렇게 어떤 문제가 모든 사람과 연관되어 있으면, 아무리 문제를 제기하고 그 문제점을 입증해도 사람들이 잘 믿지 않는다. 다른 사람은 별말 안 하므로 특별한 문제가 없을 것으로 생각하는 경향이 있는 것이다. 또 문제가 모든 사람에게 연관되어 있어서, 그 모든 사람은 그 문제를 다소 불편하게 여기거나 그 문제에 대해 불평할 뿐이고 실제적인 해결책을 찾으려 하지 않는다는 특징도 있다. 게다가 실질적인 손해액 또는 피해액을 환산하기가 거의 불가능하게 만들어져 있으므로, 실효적인 해결책을 찾기는 무척 어렵다. 변호사로서는 자신의 삶을 헌신하지 않는 한, 밝히기도 어렵고 소송을 진행하기도 어렵다. 나 역시도 내가 생업에서 벗어나 이 문제에만 집중해 연구할 수 있었다면 보다 편했을 것이다.

우리 사회에는 '누진제 전기요금'과 같이 본질적인 이슈들이 산적해 있다. 그러한 이슈 속에서 문제를 발견하는 방법은 이렇다. 우리 국민이 어떤 현상 또는 제도에 대해 불평하고 있는지를 살펴본다. 사람의 신음이 있는 곳에는, 사람의 탄원이 있는 곳에는, 반드시 문제가 있기 마련이기 때문이다. 우리의 소비 습관이 안 좋아서 혹은 낭비벽이 있어서 불이익이 발생하는 것인지, 아니면 그 구조상 어떤 문제가 있어서 불이익이 발생할 수밖에 없고 그 때문에 불평이 있는 것인지를 살피면 된다. 불평하는 게 무엇인지 찾아내고 그곳으로 들어가야 한다. 그 문제로 들어가보면 해결 방법을 찾을 수 있다. '선봉에 선다'라는 것은 그런 의미이다. '내가 해결방법을 찾을 테니, 함께 힘을 모으자'는 뜻이다.

반환 예상 전기요금

1. 본 소송은, 국민들이 지금까지 납부한 주택용 전력의 전기요금의 반환을 구하는 것이 아니고, 2012년 8월 6일부터 2013년 11월 21일까지 사용된 한전의 「전기공급약관」에 따른 주택용 전력의 전기요금의 반환을 구하는 것입니다(본 소송에서 승소하는 경우, 본 법무법인은 본 소송의 제기일 이전 10년의 기간 동안 발생한 전체 전기요금에 대한 반환청구 소송을 진행할 예정임을 알려 드립니다.).

또한, 본 소송은 한전이 주택용 전력에 대해서 불공정한 요금 체계를 적용함으로써 각 가정으로부터 부당한 전기요금을 징수하고 있다고 주장하는 것이고, 특히 주택용 전력의 전기요금에 대한 '누진제' 약관 규정이 위법한 것이라고 주장하는 것입니다

(전기공급약관은 일반 가정에서 사용하는 전기요금을 '주택용 전력'의 규정에 따라 징수하도록 규정하고 있습니다.).

따라서 본 소송을 통해 국민이 반환받게 되는 전기요금은 주택용 전력의 전기요금에 채택된 '누진제'의 위법성을 전제로 전기공급약관의 전기요금 산정체계에 따라 계산되는 것이고, 구체적으로는 각 가정의 전기공급계약 내용 및 각 가정의 전기 사용량에 따라 결정될 것입니다.

2. 한편, 주택용 전기요금은 공급전압에 따라 크게 두 가지로 나뉘는데, 저압 전력(표준전압 110V 이상 380V 이하)을 사용하는 일반주택에 대한 전기요금과 고압 전력(표준전압 3,300V 이상)을 사용하는 아파트에 대한 전기요금이 그것입니다. 또한 아파트에 대한 전기요금은, 공동설비 사용량을 포함하여 전기요금을 계산하는 '단일계약'의 방식으로 산정될 수도 있고, 공동설비 사용량은 일반용 전력(갑)의 전기요금으로 산정하는 '종합계약'의 방식으로 산정될 수도 있습니다('단일계약'은 공동설비 사용량을 포함한 전체 사용전력량을 호수로 나누어 평균 사용량을 산출한 후 전기요금을 산정하는 방식이고, '종합계약'은 공동설비 사용량은 일반용 전력(갑)

의 전기요금으로 산정하고 호별 사용량은 주택용 저압 전력의 전기요금으로 산정하는 방식입니다).

따라서 한전이 평균적으로 수취한 부당이득은 각 가정이 사용한 전기 사용량에 따라 결정되는 것은 물론이고, 각 가정의 전기공급계약의 내용(저압 전력인지 고압 전력인지, 고압 전력이라면 단일계약인지 종합계약인지)에 따라 결정될 것입니다.

3. 먼저, 저압 전력(표준전압 110V 이상 380V 이하)을 사용하는 일반주택의 경우와 고압 전력(표준전압 3,300V 이상)을 사용하는 아파트 중 '종합계약' 방식의 전기요금을 채택하고 있는 아파트의 경우입니다.

- 월평균 전기 사용량 50kWh 사용자의 경우: 없음
- 월평균 전기 사용량 150kWh 사용자의 경우: 50,330원
  (= 월평균 3,595원 x 14개월)
- 월평균 전기 사용량 250kWh 사용자의 경우: 188,230원
  (= 월평균 13,445원 x 14개월)
- 월평균 전기 사용량 350kWh 사용자의 경우: 450,310원

(= 월평균 32,165원 x 14개월)

- 월평균 전기 사용량 450kWh 사용자의 경우: 881,860원

    (= 월평균 62,990원 x 14개월)

- 월평균 전기 사용량 550kWh 사용자의 경우: 1,552,320원

    (= 월평균 110,880원 x 14개월)

- 월평균 전기 사용량 1,500kWh 사용자의 경우:

    10,637,480원(= 월평균 759,820원 x 14개월)

4. 다음으로, 고압 전력(표준전압 3,300V 이상)을 사용하는 아파트 중 '단일계약' 방식의 전기요금을 채택하고 있는 아파트의 경우입니다.

- 월평균 전기 사용량 50kWh 사용자의 경우: 없음
- 월평균 전기 사용량 150kWh 사용자의 경우: 31,920원

    (= 월평균 2,280원 x 14개월)

- 월평균 전기 사용량 250kWh 사용자의 경우: 126,560원

    (= 월평균 9,040원 x 14개월)

- 월평균 전기 사용량 350kWh 사용자의 경우: 317,520원

    (= 월평균 22,680원 x 14개월)

- ◆ 월평균 전기 사용량 450kWh 사용자의 경우: 640,710원
  (= 월평균 45,765원 x 14개월)
- ◆ 월평균 전기 사용량 550kWh 사용자의 경우: 1,228,150원
  (= 월평균 87,725원 x 14개월)
- ◆ 월평균 전기 사용량 1,500kWh 사용자의 경우: 7,989,940원
  (= 월평균 570,710원 x 14개월)

곽상언

(2014. 8. 4.)

밤을 새우다

한전 약관을 보면서 갑자기 이런 생각이 들었다.
나는 이걸 꼭 해결하고 말겠다.
국민이 더 이상 수탈당해서는 안 된다.

2012년 하반기부터 누진제 전기요금 사건의 소송 준비를 위해 관련 법규정 및 문헌들을 살펴보기 시작했다. 가장 먼저 한 일은 한전 홈페이지에 나와 있는 내용을 이해하는 것이었다. 요금 규정 자체를 이해하는 데에도 상당한 시간이 걸렸다. 특히 변호사 업을 하며 틈날 때마다 연구하고 검토했기 때문에 꽤 많은 시간이 흘렀다. 처음에는 한전 홈페이지의 관련 내용을 출력해 두고 틈틈이 살펴봤다. 그리고, 그 내용과 관련한 문헌을 찾아서 출력해 두고 반복적으로 살펴보는 방식으로 연구했다.

본격적으로 검토하기 시작한 건 2013년 1월이다. 먼저 요금 체계를 이해해야 했고, 충분히 이해한 이후에는 요금 규정이 불공정한 것인지를 봐야 했다. 처음에는 어디에서 무엇부터 봐야 하는지 몰랐다. 주로 한전 홈페이지 및 국회도서관을 샅샅이 뒤졌다. 나는 그 당시까지 발간된 '모든' 문헌을 빠뜨림없이 전부 검토했다.

모든 자료는 자료 제공 주체의 '시각'과 '이익'을 반영한다. 또한, 같은 자료라도 그 자료를 어떻게 편집하느냐, 어떤 방식으로 그 자료를 제공하느냐에 따라 실제 내용은 달라진다. 전기요금 관련 문헌은 매우 실망스러웠다. 전기는 한전이 지난 수십 년 동안 독점적으로 공급해왔기 때문에, 전기와 관련한 모든 문헌은 한전이 직접 혹은 간접적으로 영향력을 행사하거나 금전적으로 지원해서 발간되어 온 것으로 추측되었다. 한전에 불이익한 내용이 기술된 문헌을 발견하기 어려웠고, 그나마 문제점을 찾아낸 문헌들은 대부분 불완전한 형태로 분석하면서 사후적 '개선책'을 이야기하고 있었다. 문제는 그대로 두고, 이를 일부 보완하는 형태로 말이다.

게다가 누진제 전기요금 사건은 선행 사건이 전혀 없었고 내가 모든 체계를 다 만든, 그야말로 '처음부터 끝까지' 모든 내용을 내 노력으로 구축한 사건이었기 때문에 단지 인터넷 검색하는 것만으로도 상당한 시간이 소요되었다. 혹시라도 과거에 법원에서 주택용 누진 요금에 대해 다룬 사건이 있었는지, 약관이기 때문에 공정거래위원회에서 심사한 적이 있는지, 그 두 가지도 살펴보았다.

2013년 9월에는 연구를 마쳤다. 그해 10월부터는 본격적으로 서면을 작성하기 시작했고 12월에는 완성했다. 아마 수십 번은 수정한 것 같다. 하지만 여러 난관이 있어 서면을 완성한 이후에도 바로 소송을 시작하지 못했다. 예컨대, '1인당 전력 소비량'이라는 통계수치도 한몫했다. 한 세대당 돌려받을 수 있는 전기요금(부당이득 반환 금액)을 계산하려면 한전의 통계자료에 근거해야 하고 '1인당 전력 소비량'을 확인해야 한다. 그런데 한전의 통계자료를 보면, '1인당 전력 소비량'이라는 것도 있고 '한 가정당 평균 소비량'이라는 것도 있었다. 여러 통계에서 확인된 수치를 토대로 부당이득 반환 금액을 계산해보면 서로 계산이 달랐다. 처음엔 왜 다른지 의아했다. 나중에 '1인당 전력 소비량'을 계산할 때 '자연인'만 계산하는 것이 아니라 '법인'도 포함해서 계산한다는 사실을 알게 되면서, 그 수수께끼가 풀렸다. 이것을 확인하느라고 몇 달을 더 보낸 것이다. 서면을 작성하느라 수많은 밤을 새웠다.

마침내 사건을 접수한 날은 2014년 8월 4일이다. 법원 휴가 기간은 7월 마지막 주에서 8월 첫째 주다. 이때 전국의 모든 법조인이 휴가를 가는 셈인데, 나는 그해 7월 마지막 주부터 다시 검토를 시작하고 박차를 가해서 휴가 기간 중에 이 사건을 접수했다.

지금 돌이켜보면, 그때 소장을 만들었던 시간이 무척 고됐지만 그 이후의 노력이나 괴로웠던 정도에 비해 별거 아니란 생각이 든다. 하지만 그때만 해도 정말 해야 할 것을 모두 다 했다고 생각했다. 변호사로서 내가 해야 하는 준비는 모두 다 끝났다고 생각했다. 제출한 증거도 모두 한전의 자료를 토대로 한 것이기 때문에, 한전이 추후 사건의 내용을 부인해도 사건의 진행에는 문제가 없을 것으로 생각했다. 하지만 그것은 오산誤算이었다.

국가國家의 불법不法

생명체는 자신의 생명을 유지하기 위하여 활동한다.

그 생명 활동으로 다른 생명체가 생명을 유지하지 못하는 때도 있다. 보통 종種이 다른 생명체의 생명 부인은 먹이 활동으로 해석한다. 하지만 같은 종 사이의 생명 부인은 어느 종을 막론하고 금지되는 것이다.

인간의 모든 행동은 생명 활동의 결과이다.

인간은 자신의 생명을 유지하기 위해 국가라는 조직 내에서 활동한다. 서로 다른 국가 조직 사이의 충돌로 인한 위험에서 그들의 생명을 보호하고, 국가 내에서의 무질서로 인한 위험에서 그들의 안전을 도모하기 위함이다.

국가는 국가 내에서 생명 활동을 벌이는 사람들(국민)이 서로 충돌하지 않도록 일정한 질서를 강제하고 그 질서를 깨뜨리는 사람에게 징벌을 가한다. 이때, 국민은 그 질서에 복종한다. 국민이 국가의 강제력에 복종하는 이유는 그것이 국민의 생명 활동에 이익이 된다고 믿기 때문이고 국가에 국민의 복종을 강제할 정당성이 있다고 간주하기 때문이다.

하지만 국가권력의 강제력은 국가 스스로가 그 질서를 깨뜨리지 않을 때 성립될 수 있는 것이다. 국가가 모든 국민의 생명을 부인하지 않는 경우에만 국가권력은 강제력을 가질 수 있다.

국가가 먼저 그 질서를 깨뜨리면, 국민은 국가 내에서의 활동이 자신의 생명 활동에 이익이 되지 않는다고 생각하게 된다. 국가권력으로 인해 자신의 생명이 위협당한다고 생각하기도 한다. 혹이라도 부당하게 생명을 부인당하는 경우를 보면 그 위협을 현실로 생각한다. 이렇게 되면, 국민은 더 이상 국가에 국민의 복종을 강제할 권위와 권한을 부여하지 않게 된다.

불행한 일이다.

국가는 스스로 불법을 저질러서는 안 된다.

곽상언

(2013. 6. 25.)

문제는 '길들여진 마음'

'전기를 낭비한다'라는 말은 타당한 것일까?
사람들이 40년 이상 동안 길들여져 왔기 때문에
이러한 프레임을 의심하지 않은 게 아닐까?
오랫동안 길들이면 아무도 저항하지 않는다.

논의를 조금 더 거슬러 올라가 보자. 한漢나라 때의 '염철론鹽鐵論'을 살펴보면, 소금鹽과 철鐵을 국가가 독점하는 것이 정당하냐 그렇지 않냐에 대해 치열하게 논쟁한다. 소금을 먹지 않으면 인체의 저항력이 떨어지고 음식 맛을 못 느낀다. 철은 당시 '철기시대'였으므로 가장 많이 사용하는 재료이다. 한나라가 '흉노족'의 침입을 막아야 하는데, 그렇게 하려면 국가재정을 튼튼히 해야 한다. 그래서 소금과 철을 국가가 독점해서 그 재원으로 국방을 튼튼히 하자고 논의한 것이다.

'염철론'에 등장한 민영화의 논리는 이렇다. 국가가 독점하게 되면, 독점의 폐해가 생긴다. 관리들이 품질 관리를 게을리

해서 품질이 떨어지는 경우도 있고, 관리들이 자신의 지위를 이용해서 사적으로 빼돌리는 경우도 생긴다. 분배할 때도 국가의 관리들이 자의적으로 분배할 가능성도 있다. 이런 문제 때문에 민영화해야 한다는 것이다. 반대로 '염철론'에 등장한 국가 독점의 논리는 이렇다. 이렇게 큰 규모의 사업권을 민간에 넘기게 되면 민간 자본이 커져서 국가를 위협하게 된다. 민간기업이 커지는 것도 좋은데, 국가가 무너지면 안 된다. 국방이 무엇보다 중요하다는 것이다.

한나라에서 국가 경제에 대해 이처럼 중요한 논의를 했지만, 그 모든 논의에서 '가격 차별'은 없었다. 같은 소금은 같은 가격으로, 같은 철은 같은 가격으로 판매하는 것은 당연했다. 또한 구매자의 신분에 따라 가격을 차별하지 않았고, 구매자의 구매량에 따라 가격을 차별하지 않았다. 이미 2,000여 년 이전에도 이렇게 논의했다.

그렇다면 현재 한국의 전력 사업은 어떠한가.

첫째, 우리나라의 전력사업은 국가사업이 아니다. 한전이 국가라고 생각하는 국민이 사실 대부분일 것이다. 이미 한전은 대한민국이 온전하게 소유하고 있지 않다. 만일 한전이 아무리 부당하게 이익을 수취해도 그 이익을 오직 국가가 가져간다면, 종국엔 국가재정을 통해 국민에게 그 이익이 돌아갈 것으로 선순환 될 수 있어서 참을 수도 있다. 국가에 세금을 내는 것이나 전기요금을 더 납부하나 큰 차이가 없다고 생각할 수 있다. 그러나 대한민국은 한전의 주식 50.1%를 가지고 있고 이를 토대로 경영하고 있을 뿐이다. 또 한전은 1989년부터 이미 주식시장에 상장되어 있다. 소유의 측면에서는 이미 민간기업이다.

둘째, 한전은 국가기관이 아니지만 대한민국 전역에서 전기판매사업을 독점하고 있다. 그러다 보니 한전의 약관을 받아들이지 않으면 소비자들은 전기를 공급받을 수 없다. 전기소비자는 누진제가 불합리하다고 생각해도 거부할 수가 없는데, 오직 주택용 전기에만 고율의 누진제가 적용된다. 주택용 전기사용자는 징벌적으로 폭증하는 요금을 납부할 수밖에 없고, 이게 무서워서 자신의 생존과 생활에 필요한 수준 이하로 사용하도록 억압당했다. 즉, 한전은 전기판매사업을 독점하는 독점기업이고 독점이익을 수취하는 기업일 뿐이다.

한전이 제시하는 통계 중 '총괄 원가'라는 게 있다. 발전부터 송전, 배전, 판매까지 드는 모든 비용을 합산한 것이다. 그런데 각종 전기요금 중에서 총괄 원가 이상 납부하는 전기요금은 오직 주택용 전기요금밖에 없다. 한전이 총괄 원가 이상 얻는 이익은 연간 2조 원 가량인데 이게 모두 주택용 전기요금에서 얻는 것으로 보인다. 한전은 산업용 전력을 판매하면서 총괄 원가를 기준으로 약 2조 원 가량의 적자를 본다. 그러니까 주택용 전력의 판매에서 얻은 흑자로 산업용 전력의 판매에서 입은 적자를 보전하는 셈이다. 이를 '교차보조'라는 말을 쓰는데, 쉽게 말하면 국민 호주머니에서 돈을 뜯어서 산업체에 준 거나 마찬가지다. 불공정한 요금 체계로 인해 주택용 전기사용자가 그만큼 불이익을 당해 온 것이다.

경제협력개발기구^{OECD} 국가들을 보면 보통 주택용 전기, 산업용 전기, 공공상업용 전기의 소비 비율이 30 : 30 : 30 정도다. 그런데 우리나라는 주택용이 13%, 산업용이 52%, 공공 상업용이 32% 정도다. 우리나라 주택용 전기사용자, 즉 우리나라 국민들은 다른 나라의 국민들에 비해 평균사용량의 절반에도 못 미치는 전기를 소비하도록 억압당하고 있는 셈이다.

거의 해마다 국회나 지자체는 '전기요금 체계에 문제가 있다'라는 문제의식을 가진 보도자료를 배포한다. 그러나 '그러면 어떻게 할 것이냐'는 해결책은 없다. 국회의원들은 거의 매년 전기사업법 개정안을 발의하기도 했었지만 실제로 개정되지 않았다. 게다가 그 발의안조차도 전기요금 체계의 핵심 문제는 전혀 다루지 않았다. 연구가 되어 있지 않았기 때문이라고 생각한다. 혹은 전기요금 체계가 가지고 있는 함의를 모르고 지금까지 이어왔을 수도 있다. 그 규정 체계를 이해하기 어렵기 때문이다.

'전기를 낭비한다'라는 말이 타당한 것일까? 사람들이 40년 이상 동안 길들여져 왔기 때문에 이러한 프레임을 의심하지 않은 게 아닐까? 오랫동안 길들이면 아무도 저항하지 않는다. 이 연구를 하면서, 나는 '북한이 이런 방법을 통해 내부의 큰 저항 없이 현재까지 유지되어 왔구나' 하는 생각을 했다. 밖에서 볼 때 김일성이 솔방울로 수류탄을 만들었고 나뭇잎으로 배를 만들었단 이야기는 허무맹랑한 것이지만, 이렇게 말이 되지 않는 이야기를 수십 년 이상 들으면 세뇌가 가능할 수 있겠다고 생각했다. 북한은 조선시대에는 왕을 섬기고, 일제시대에는 일본 천황을 섬기고, 그 이후에는 김일성 가계를 섬기고 있다. 북한 인민들은 이러한 세상에서 살고 있어서 본질이 무엇인지 의심하고 탐구하는 능력을 상실한 것 아닌가.

'우리가 전기를 아껴야 저소득층을 보호한다'라는 것은 잘못된 프레임이다. 고소득층이 전기를 더 많이 쓰니까 전기요금을 더 많이 내게 하는 것이라고 한다. 하지만, 이건 100% 본질을 호도하는 것이다. 고소득층이 전기를 낭비한다는 근거는 어디서 유래하는 것인가. 또한 부자라고 해서, 상대적으로 부유하다고 해서 자신의 소비를 넘어서는 징벌적인 요금을 수탈하는 것이 정당한 것인가.

우리는 집안에서 생존과 생활을 위해 주택용 전기를 소비하는데, '집안'이라는 장소적 제약이 있고 '24시간'이라는 시간적 제약이 있다. 또, 가정에서 사용하는 전기사용량은 그 가정에 있는 '구성원의 수'에 따라 증가한다. 그런데, 이 모든 사항은 통계적으로 확인할 수 있다. 즉, 한 가정이 사용할 수 있는 전력 소비의 최대량과 최소량은 이미 정해진 것이다. 그런데도 '전기를 많이 쓰는 사람은 부자일 것이다'라는 거짓 정보를 준 것이다.

그리고 '저소득층'에 대한 구분이 명확한가? '저소득'과 '고소득'을 구분할 수 있는 기준이 있는가? 어느 정도가 되어야 '고소득층'이고 얼마나 가진 게 없어야 '저소득층'인가? '기초생활수급자'라는 개념은 있다. 그들은 사람의 선량한 마음을 악의적으로 이용하여 홍보한다. 사람들은 "저소득층을 보호한다는데, 당연히 전기를 아껴야지." 혹은 "한전은 좋은 회사야. 역시 우리나라는 훌륭해"라고 이야기한다. 하지만 대전제가 잘못되었다. 저소득층 보호는 국가정책으로 하는 것이지 전기를 팔아서 하는 게 아니다. 조세정책 혹은 복지 정책으로 하는 것이지, 왜 전기요금으로 장난을 치는가.

2012년의 한전 홈페이지를 보면 "현행 주택용 누진 요금체계는 지나치게 과도하다", "주택용 전기요금이 너무 많아서 다른 용도의 전기요금을 보전해주는 결과를 낳고 있다"고 대외적으로 공공연하게 써 두었다. 내가 지어낸 이야기가 아니다. 그래서 한전은 2012년에 이미 주택용 누진요금제가 과도하다는 것을 인정하면서, 누진 단계를 6단계에서 3단계로 대폭 줄여야 하고 11.7배의 누진율도 대폭 낮춰야 한다고 스스로 인정했다. 한전이 주택용 전기의 누진요금제의 문제점을 인정하기는 했지만, 누진단계를 축소한다고 누진율을 낮춘다고 문제가 해결되는 것은 아니다.

전기요금 누진제를 '몽둥이질'에 비유해보면 거칠기는 하지만 이해하기 쉽다. 즉, 6단계의 누진 요금제는 몽둥이를 6대 때리는 것과 같고, 3단계의 누진요금제는 몽둥이를 3대 때리는 것과 같다. 그런데 몽둥이(누진 요금제)로 6대 맞다가 3대로 줄여서 맞으면 문제가 없는 건가? 몽둥이질(누진 요금제) 자체가 없어져서 맞지 않는 것이 당연한 것인데, 사람들은 6대의 몽둥이질을 당하다가 3대의 몽둥이질로 줄어들어도 감사하다고 생각한다. 길들여진 사람의 심리다. '숨겨진 불공정'은 '길들여진 불합리'에서 시작한다.

정책 결정권자들은 보고받아도 전기요금 체계 자체를 이해 못 할 것이다. 그래서 특별한 의심 없이 수십 년 동안 같은 결정을 반복했을 것이다. 설령 의심한들 아주 본질적인 것까지 이해하지 못했을 것이라고 본다. 그들만의 문제는 아니다. 시민들의 권리를 대변해 목소리를 내는 시민단체 측도 크게 다르지 않았다. 내가 소송을 시작한 후 언론을 통해 보도에 나온 다음, 한 에너지 관련 시민단체에서 나를 초대했다. 기대하고 회의에 참여했는데 무척 실망했다. 본질을 잘 이해하지 못하는 상태에서 결론을 내리려고 하니, 지금까지 해왔던 이야기를 반복하는 것에 불과했다. 비유하자면 몽둥이로 때리는 것에는 부작용이 있으니 몽둥이로 때리는 것은 계속되어야 하지만 그 부작용을 해소하는 방향으로 해결해야 한다는 식의 결론이었다. 부작용을 만드는 원인을 제거하는 것은 왜 검토해서는 안 되는가.

한전 민영화? 사실은 이렇습니다

정확한 현실 인식을 기반으로 한 정책이 제대로 된 정책입니다. 정확한 현실 인식은 길들여진 사고에서 벗어나는 데에서 출발합니다. 고정된 시각으로는 드러난 진실도 볼 수 없기 때문입니다.

오랜 시간 '삶의 기본조건'을 연구했고, 불공정하고 부정의한 현실을 바꾸기 위해 지난 7년 이상 소위 '소송전'을 벌였던 변호사로서 간략히 한 말씀드립니다(후보님들 모두 잘못 알고 계셔서 간단히 말씀드립니다).

첫째, '한국전력공사'는 이미 온전한 의미의 공기업이 아닙니다.

한전은 이미 1989년에 증권거래소에 '상장'된 이래, 1994년에는 뉴욕증권거래소에 '상장'된 '상장 회사'입니다. 대한민국 정부는 한전의 주식 18.20%를 가지고 있고, 한국산업은행이 32.90%를 가지고 있을 뿐이고, 심지어 외국인의 한전 주식에 대한 소유 비율은 16.6%에 이릅니다. 즉, 한전은 이미 '소유'의 측면에서는 민영화가 완료된 회사입니다.

사실이 그러함에도, 한전은 지난 수십 년 동안 엉터리 '민영화' 논리를 전파하며, 우리 국민의 에너지 기본권을 침탈해왔습니다. 우리는 길들여진 사고 때문에 드러난 현실조차 못 보았을 뿐입니다.

거듭 말씀드립니다.

한전은 이미 '민영화'된 회사 중 하나일 뿐입니다. 이 문제를 해결할 수 있는 유일한 방법은 '한전의 상장 폐지'이고, 그 후 온전한 공기업으로 탈바꿈시키는 것뿐입니다.

둘째, 전력 사업은 발전, 송전, 배전, 판매의 4가지 영역으로 구성되는데, '송전' 및 '배전'은 민영화의 대상도 아니고 경쟁의 도입이 필요한 대상도 아닙니다.

한전은 종래 '발전 부문'에서도 독점 기업이었으나, 김대중 정부 당시 발전회사를 한전에서 독립시켰고 민간 발전회사에 개방했습니다. 즉, 한전은 '발전 부문'에서 100%의 자회사를 통해 발전 사업을 영위하고 있고, 일부 대기업이 발전 사업에 참여하고 있는 상황입니다.

'송전 부문', '배전 부문', 그리고 '판매 부문'은 여전히 한전의 독점 영역입니다. 그중에서 '송전 부문'과 '배전 부문'은 전력망에 해당하는 것이므로 국가가 다시 온전히 소유할 수 있도록 해야 합니다(이미 민영화된 한전은 국가 기간산업에서 온전한 역할을 수행할 수 없습니다).

셋째, 경쟁의 도입이 필요한 부문, 즉 '독점 체제'가 더 이상 유지되어서는 안 되는 부문은 전력 사업의 '판매 부문'입니다.

에너지 정책의 핵심은 전기 산업 정책이고, 전기 산업 정책의 핵심은 '전기요금' 정책입니다. 그런데 '전기요금'은 전력 판매에서 결정합니다.

'전기요금'과 관련한 근원적인 문제는 다음 3가지입니다.
(1) 주택용 전기요금 누진제
(2) 용도별 요금 체계(산업용, 주택용, 일반용 구별)
(3) 한전의 독점 판매

이 3가지가 전기요금과 관련한 악의 근원입니다. 그리고, 이 3가지를 보다 일찍 시정할수록, 국민의 피해가 그만큼 줄어듭니다. 주택용 전기요금 누진제가 없어져야, 우리 모든 국민이 특히 서민이 보호받습니다. 용도별 요금 체계가 없어져야, 우리 국민이 기업에 비해 더 많은 전기요금을 내는 일이 없어집니다. 한전의 독점 판매가 없어져야, 독점 수익의 국부 유출 및 부당한 요금 징수가 사라집니다.

이 3가지를 모두 끝냅시다.

곽상언 올림
(2021. 9. 8.)

아무런 판단 없는 판결

전기요금 부당이득 반환청구 사건에서 승소하길 바랐던 이유는,
공감이나 인식에서 끝나는 게 아니라
국가기관 중 하나가 국민이 잃어버린 권리가 있음을 확인해주면
더 많은 국민이 힘을 얻고 정당한 권리 찾기에
힘을 보탤 수 있겠다는 희망에서였다.
부당함의 정당화와 무감각, 학습된 무력감이 서글프다.

2016년 첫 판결이 나오고 7년이 흘렀다. 대법원은 지난 2023년 3월 30일 '주택용 전기요금 반환청구 사건'에서 누진 요금제가 정당하다는 취지로 판결했다. 비록 아직 나머지 사건이 진행 중이기는 하지만, 이제 이 사건은 사실상 종결된 것으로 보인다. 그런데, 대법원이 어떠한 이유로 '누진 요금제가 정당하다.'라는 취지로 판결했는지는 여전히 알 수 없다.

  대법원의 판결문은 "원심판결 이유를 법리와 기록에 비추어 살펴보면, 원심의 판단에 필요한 심리를 다하지 않은 채 논리와 경험의 법칙을 위반하여 자유심증주의의 한계를 벗어나거나

법리 오해 등으로 판결에 영향을 미친 잘못이 없다", "원심판결 이유를 법리와 기록에 비추어 살펴보면, 원심의 판단에 상고이유 주장과 같이 이 사건 약관의 유효성 판단 기준, 거래상 지위 남용, 누진제의 불공정성에 관한 법리를 오해하거나 필요한 심리를 다하지 않은 채 논리와 경험의 법칙을 위반하여 자유심증주의의 한계를 벗어나는 등의 잘못이 없다"와 같은 문장으로 채워져 있을 뿐이다.

대법원은 주택용 전기요금 누진제가 어떤 이유로 정당한지에 대해서는 실제로 아무런 판단을 하지 않았다. 통계적으로 명백한 사실을 배척한 이유도 전혀 기재하지 않았다. 9년 동안 이 사건을 진행했고, 5년 동안 대법원 판결을 기다렸는데, 무척 허망했다. 대법원의 태도에 분노하지 않을 수 없었다.

이 사건은 처음 스무 명으로 시작했다. 내가 시작한다고 하니까 묻지도 않고 따지지도 않고 참여하신 분들이다. 내 지인들에게 사건의 내용을 설명해드리고 소송 참여를 독려했다. 지인과 지인의 지인을 중심으로 모았다. 소송에 참여할 수 있는 최소 인원은 없다. 이 정도 인원이 될 때까지 기다린 이유는 참여 인원이 너무 적으면 소액사건으로 갈 수밖에 없기 때문이다. 소액사건은 워낙 사건이 많아 사건을 제대로 검토하지 않을 우려도 있고 판결문을 쓰지 않기 때문에 최소 인원을 설정했다.

사건을 진행하면서 실제로 도움을 준 사람은 없었다. 도움을 주려는 사람도 없었다. 가장 힘들었던 것은 자료에 접근하는 것이었다. 국회의원들이 자료에 대해 접근할 수 있을 것으로 봤지만, 그분들로부터도 도움을 받을 수 없었다.

2014년 8월에 있은 〈머니투데이〉의 보도 이후, 많은 사람들이 이 사건에 관심을 가졌다. 비록 보도 그다음 날 기사가 내려갔지만 말이다. 〈에너지경제〉의 양세훈 기자님이 계속 관심을 두고 두 번 정도 보도해주었다. 〈에너지경제〉의 최대 고객은 한전임에도 불구하고 두 번이나 보도해주었다. 그 후 반년 사이에 700명이 모인 건 정말 기적이라고 생각한다. 사람들이 부당성을 자각하는 시기가 있고 자각 이후에 행동하는 시기가 있는데, 이 분들은 부당성을 자각하면서 그와 동시에 행동했기 때문이다.

작은 행동이지만 정말 대단한 것이다. 내가 이 소송을 하는 것을 전국의 변호사가 다 아는데도 불구하고 참여하는 변호사는 한 명도 없었다. "소송은 어떻게 돼가고 있어? 정말 잘 되면 좋겠다"고 말하면서도 말이다.

언론보도가 폭발적으로 나오면서 법인에 소송을 신청한 사람이 2만 명을 좀 더 넘었다. 처음엔 욱하는 마음에 참여했다가도 혹시 추후 '불이익이 오지 않겠나?' 싶은 막연한 불안감으로 또는 공포심으로 소송을 그만두신 분들도 많았다. '내가 이런 소송에 참여했다는 사실을 알게 되면 불이익을 입지 않을까'라는 생각으로 말이다. 한전 직원들에게도 자주 전화가 왔다. 특히 퇴직한 사람들이 사무실로 전화해서 "문제의 본질을 제대로 봤다. 난 퇴직했으니 이제는 말할 수 있다"라고 했다. 그리고 소송까지 참여한 사람도 있다.

사람들은 부당성을 지적한다고 해서 절대 움직이지 않는다. 부당한 현실을 시정할 수 있는 구체적 방법을 제시해야 희망을 가진다. 부당한 현실을 시정할 수 있다는 희망을 가져야 비로소 움직이기 시작한다. 전기요금 부당이득 반환청구 사건에서 승소하길 바랐던 이유는 공감이나 인식 차원에서 끝나는 게 아니라 드디어 국가기관 중 하나가 국민이 잃어버린 권리가 있음을 확인해준다면 더 많은 국민이 힘을 얻고 권리 찾기에 힘을 보탤 수 있겠다는 희망에서였다. 그런데 첫 사건에서 법원은 아주 허접하고 기계적인 논리로 패소판결을 내렸다. 그날부로 소송에 참여한 많은 사람이 탈퇴의사를 밝혔다. 심리학에 '다섯 마리 원숭이 실험'이라는 게 있다. 원숭이들이 바나나를 먹기 위해 사다리에 올라갈 때마다 아주 차가운 물을 원숭이들에게 쏟아 놀라게 한다. 원숭이들이 사다리를 오를 때마다 찬물을 끼얹은 것이다. 얼마 후 우리 안의 모든 원숭이는 사다리를 오르지 않게 된다. 나는 부당함의 정당화와 무감각, 학습된 무력감이 서글프다.

최후 변론

1. 감사의 인사

마지막으로 구술변론의 기회를 주신 재판부께 진심으로 감사드립니다. 특히, 다른 법원의 재판부와는 달리, 끈기를 가지고 이 사건을 진행해주셨고 민사소송법에 따라 재판진행을 해주셔서 깊이 감사드립니다.

민사소송법에 따른 재판진행과 판결선고는 너무도 당연한 것이지만, 저는 이 사건을 진행하면서 모든 재판부가 민사소송법을 명시적으로 어기는 사례를 무척 많이 경험했습니다.

이 사건을 만 9년간 진행한 소송대리인으로서 재판부의 이 사건 재판진행에 대해 다시 한번 깊은 감사의 말씀을 드립니다.

2. 이 사건의 쟁점

재판부께서 원고들 소송대리인이 제출한 모든 준비서면과 서증을 검토하셨기 때문에 이 사건의 쟁점은 충분히 아시고 계실 겁니다. 마지막으로 사건을 정리하는 의미에서 간략하게 구술로 변론하겠습니다.

이 사건의 쟁점은 크게 두 가지입니다.

하나는 절차적 위법성, 즉 이 사건 전기요금약관(주택용 누진제 전기요금 약관)의 변경인가 과정에서 관련 법령을 위반한 사실이 있는지 여부입니다. 이 사건 전기요금약관의 변경인가 과정에서 적용되는 관련법령은, 「전기사업법」, 「전기요금산정 고시」, 「물가안정에 관한 법률」 등입니다.

다른 하나는 실질적 위법성, 즉 주택용 누진제 전기요금약관이 전기소비자인 국민 모두에게 어떠한 불이익을 입히는지, 그 불이익의 정도는 어떠한지, 회피 가능성은 있는지, 그래서 부당하게 불이익한 것으로 볼 수 있는지 여부입니다.

이 사건 관련 사건에서 대법원은 이미 7개의 판결을 선고했습니다. 각 사건마다 재판부의 소송지휘 내용은 달랐지만, 실제로 이 사건의 쟁점은 완전히 동일한 사건들입니다.

관련 사건의 대법원 판결에서도 이 사건의 쟁점은 모두 인정했습니다. 다만, 대법원은 관련 법령이 규정한 의무를 인정했지만 피고가 관련 법령이 규정한 의무를 이행했다는 취지로 판시했고, 주택용 누진제 전기요금약관이 전기소비자에게 부당하게 불이익하지 않다고 판시했습니다.

그런데 놀라운 것은, 7개의 대법원 판결 그 어디에도 원고들의 주장을 배척하는 판결이유가 전혀 기재되어 있지 않다는 것입니다. 그래서, 원고들의 소송대리인은 어쩔 수 없이 새로이 증거신청을 했고, 관련 사건의 대법원 판결을 분석한 준비서면을 제출했습니다. 재판부께서는 최종적으로 '절차적 위법성'을 확인하고자 피고에게 '피고가 관련 법령이 규정한 의무를 준수하기 위해 피고가 작성하고 정부에 제출한 문서를 제출할 것'을 명령하기도 했습니다.

3. 절차적 위법성

먼저, 절차적 위법성에 대해서 간단히 살펴보겠습니다.

피고는 독점 전기사업자입니다. 그래서 전기사업과 관련한 모든 자료는 피고를 통하지 않고서는 확인하는 것이 불가능합니다. 그래서 원고들의 소송대리인은 전기사업과 관련한 모든 문헌들을 검토하고 증거를 수집했고 피고의 진술에 따라 추가적으로 증거를 확인하기도 했습니다.

그런데 관련 증거들이 모두 피고가 기본공급약관(즉, 전기요금약관)을 변경인가하는 과정에서 관련 법령을 준수하지 않았다고 함에도, 피고는 아무런 증거도 제출하지 않고 '절차 위법은 없다'는 취지로 반복적으로 진술했을 뿐입니다.

심지어 재판부가 문서제출명령으로 절차 위법과 관련한 문서를 제출하라고 명했음에도 불구하고, 피고는 허위 진술을 반복하며 절차 위법과 관계없는 자료들만 제출했을 뿐입니다.

부디 재판부께서 이 점을 주목해주시기 바랍니다.

4. 실질적 위법성

이 사건 전기요금 약관의 절차적 위법과는 관계없이, 이 사건 전기요금 약관은 '부당하게 불이익'한 약관으로 무효일 수밖에 없습니다. 이에 대해서, 원고들의 소송대리인은 수많은 준비서면을 통해 진술했습니다.

하지만 마지막으로, 이 사건 전기요금 약관의 실체적 위법성, 즉 주택용 전기소비자의 부당한 불이익에 대해서 구술로 변론하겠습니다.

5. 누진 요금제의 정의 및 배경

누진 요금제의 교과서적 명칭은 '체증적 구간요금제'인데, 일반적으로 누진 요금제는 사용량에 따라 구간을 나누어 구간별 요율이 증가하는 사용량 요금을 부과하는 형태로 설계된 요금제입니다.

이러한 누진 요금제는 애초에 '사용량'을 실효적으로 억제하기 위해 고안된 요금 규정 중 하나인데, '사용량' 억제의 수단으로 '요금 증가'의 방법을 선택하되, 사용량에 단계를 두어 단계별로 요금을 증가시키는 방법을 선택한 것입니다(소비자는 사용량의 증가에 따라 폭증하는 요금 때문에 어쩔 수 없이 소비를 줄이기 때문입니다).

그런데 이러한 '누진 요금제'는 일반 재화(재화, 물건)에 도입된 사례는 있어도 필수재화에 도입된 사례가 거의 없고, 경쟁사업자가 존재하는 경우에 도입된 사례는 있으나 독점사업자의 경우에는 도입된 사례가 없습니다.

'독점사업자'의 경우는 '판매량'의 극대화가 '이익'의 극대화와 무관하거나 비례하지 않고, 특히 독점사업자가 판매하는 재화의 수요가 일정하거나 예측 가능한 경우, 해당 재화의 독점사업자는 '누진 요금제'를 도입함으로써 이익 극대화를 도모할 수 있습니다. '누진 요금제'는 판매량(소비량)은 감소하지만 판매대금(요금) 증가하는 것이기 때문에, 독점사업자의 입장에서는 판매량을 감소시키면서도 전체 판매대금이 증가시킬 수 있고 결국 이익 극대화를 도모할 수 있기 때문입니다(우리나라의 주택용 전기의 판매에 적용된 방식입니다).

6. 누진 요금제의 '불이익' 및 '부당한 불이익' 판단기준

따라서 누진 요금제가 있는 경우, '불이익'의 판단기준과 '부당한 불이익'의 판단기준은 다음과 같을 수밖에 없습니다.

- 누진 요금규정이 존재한다면, 소비자(고객)의 입장에서는 그 자체로서 곧바로 '요금 증가의 불이익'이 있고 '사용량 감소의 불이익'이 있는 것으로 인정해야 합니다.

- 다만, 누진 요금규정이 있는 약관이 '소비자(고객)에게 부당하게 불이익한 것인지 여부'는 (1) '누진 요금제가 규정되지 않은 다른 요금규정이 적용되는 경우의 이익/불이익'과 비교하거나 (2) '누진 요금제의 적용을 받지 않는 동일 재화의 다른 소비자 집단의 이익/불이익'과 비교하여 판단하되, 다음의 요소를 기준으로 판단해야 합니다.

A. 누진 요금규정에 대한 소비자의 회피 가능성의 존부

및 회피 가능성의 정도

    B. 소비자 불이익 중 사용량 감소의 정도

    C. 소비자의 불이익 중 요금 증가의 정도

그러나 대법원은 '누진 요금제'가 무엇인지도 모르고 판결했습니다.

(특히 '대법원 2018 다 255914 사건'에서 대법원은 "(원심은) 우리나라의 가정용 전력사용량과 그 비율이 낮은 것이 오로지 주택용 전력의 누진제 요금구조에서만 기인한 것으로 보기 어렵고, 우리나라의 누진제 방식이 주택용 전력소비자들의 전기소비를 억제할 목적만을 가진 요금방식이라고 평가할 수 없다는 취지로 판단하였다. 원심판결 이유를 관련 법리와 기록에 비추어 살펴보면, 원심의 판단에 필요한 심리를 다하지 않은 채 논리와 경험의 법칙을 위반하여 자유심증주의의 한계를 벗어나거나 누진제 요금규정으로 인한 억압적 전기사용에 관한 법리오해 등으로 판결에 영향을 미친 잘못이 없다"고 엉터리로 판결했습니다.)

7. 구체적 사례 – '가상 사례'

재판부의 이해의 편의를 위해, 이론적인 내용을 구체적인 사례에 적용해서 설명해 보겠습니다. 먼저 '가상 사례'입니다.

누진 요금제에 대한 이해 편의를 위해, 우리가 먹는 음식의 가격을 '식사량'과 '식사 횟수'에 따라 누진 요금제의 방식으로 정하는 경우를 상정해 보겠습니다(누진 요금제의 적용대상은 '음식'이고, 인적 적용범위는 '전체 국민'으로 상정합니다).

첫째 사례입니다. 첫째 사례는, 우리나라에서 음식을 판매하는 사업자가 여러 개 존재하는데 그 중 단 하나의 사업자만 전체 음식 중에 오직 '공기밥'에만 누진 요금제를 도입하는 경우인데, 그 사업자가 '하루에 5끼 이상을 먹고 한 끼당 밥을 세 공기 이상 먹는 경우에만, 밥 한 공기의 가격에 1.1 배를 부과하는 누진 요금제'를 도입하는 사례를 상정해 보겠습니다.

둘째 사례입니다. 둘째 사례는, 하나의 독점사업자가 우리나라의 모든 음식을 판매하는 경우로서, (1) 한 끼당 30g만을 먹고 하루에 한 끼만 먹는 경우에는 단일 요금(기초 요금)을 부과하지만 (2) 한 끼에 30g을 넘는 음식을 먹거나 하루에 두 끼 이상 먹는 경우에는 단일 요금(기초 요금)의 2 배를 받는 것으로 시작하여, (3) 한 끼에 60g을 넘는 음식을 먹거나 하루에 세끼를 먹으면 단일 요금(기초 요금)의 5 배를 받고, (4) 한 끼에 100g을 넘는 음식을 먹거나 하루에 세끼 이상을 먹는 경우에는 기초 요금(단일 요금)의 11.7배를 받는 누진 요금제를 상정할 수 있습니다(4단계 누진 요금제, 누진율 11.7배로 설계된 음식 판매 요금입니다).

첫 번째 경우를 살펴보겠습니다.

이 경우는 누진 요금제에 동의하지 않는 소비자는 누진 요금규정을 사용하지 않는 경쟁사업자로부터 재화(음식)을 구매하면 됩니다. 음식을 판매하는 경쟁사업자가 존재하기 때문입니다. 따라서 첫째 경우는 누진 요금규정의 부당성의 정도가 낮은 것으로 판단해야 합니다.

또한, 인간의 습성상 하루에 5끼 이상 밥을 먹는 사람이 많지 않기 때문에, 복수의 경쟁사업자가 존재하는 상황에서, 하나의 사업자가 '누진단계(2단계)'와 '누진율(1.1배)'의 누진 요금제로 음식을 판매하는 경우, 누진 요금제로 인한 소비자의 부당한 불이익의 정도는 매우 낮을 것으로 보입니다.

비록 음식이라는 재화가 '필수 재화'에 해당하는 것이라도 마찬가지일 것입니다.

하지만 두 번째 경우는 이와는 정반대입니다.

이 경우는 음식을 판매하는 사업자가 '독점사업자'입니다. 독점사업자가 존재하는 경우 소비자는 누진 요금제에 동의하지 않더라도 다른 사업자로부터 음식을 구입할 수 없으므로, 소비자는 독점사업자의 누진 요금제에 따라 음식을 구입할 수밖에 없습니다.

게다가, 음식은 '필수재화'입니다. 따라서 소비자는 독점사업자의 누진 요금규정을 회피할 가능성이 전혀 없습니다.

또한, 인간의 습성상 하루에 150g 정도의 공기밥을 기준으로 3끼를 먹거나 적어도 2끼는 먹어야 최소한의 활동을 할 수 있습니다. 그런데, 독점사업자가 필수재화인 음식에 대한 요금을 설계하면서, 인간의 습성에 반하여 한 끼에 30g을 넘는 음식을 먹거나 하루에 두 끼 이상 먹는 경우부터 할증된 요금을 부과하고 이를 시작으로 총 4 단계·11.7배의 누진 요금제를 설계한 경우라면, 이러한 '누진단계'와 '누진율'을 가진 누진 요금제는' 소비량 감소의 효과'와 '판매자의 수익이 극대화되는 정도'가 매우 클 것입니다.

다만, 두 번째 사례의 경우에도 독점 판매사업자는 다음과 같이 항변할 것입니다.

즉, '과식이 인류 건강에 미치는 해악을 상쇄하기 위한 사회정책적 목적'이 분명하고, 특히 '2 끼 먹기 운동의 환경 친화적 효과', '과다 소비로부터 인류를 해방하고 지구촌 환경을 보호한다는 사회정책적 목적', '저소득층의 보호라는 사회정책적 목적 및 소득수준에 따른 위화감 감소라는 사회정책적 목적' 등이 존재하므로, 위와 같은 누진 요금제를 규정한 것이라고 주장할 것입니다.

그러나 이러한 독점 판매사업자의 항변(거창하게는 '사회정책적 목적'이라는 거룩한 명칭으로 부릅니다)이 모두 터무니없는 주장임은 두말할 필요가 없을 것으로 보입니다.

결국, 첫 번째 사례의 경우는 누진 요금제로 인하여 소비자에게 '불이익'이 있는 것은 당연하지만 소비자가 누진 요금제를 회피할 수 있다는 점, 누진 단계가 2단계에 불과하다는 점, 인간의 습성상 5끼 이상을 먹는 사람이 많지 않고 5끼 이상 먹는 경우도 많지 않으며 통계상으로도 입증될 수 있다는 점 등을 고려하면, 첫 번째 경우는 '불이익'한 요금규정이지만 '부당하게 불이익'한 요금규정으로 인정되지 않을 것입니다.

그러나 두 번째 사례의 경우는 누진 요금제로 인하여 소비자에게 '불이익'이 있는 것은 당연하고, 소비자가 누진 요금제를 회피하는 것이 불가능하다는 점, 누진 단계가 4단계이고 누진율도 11.7배에 이른다는 점, 인간의 습성상 하루에 3끼를 먹거나 적어도 2끼는 먹어야 최소한의 활동할 수 있고 이는 통계적으로 입증된다는 점, 그런데 이러한 인간의 습성에 반하여 한 끼에 30g을 넘는 음식을 먹거나 하루에 두 끼 이상 먹는 경우부터 누진 요금을 부과하고 있다는 점 등을 고려하면, 두 번째 경우는 그냥 '불이익'한 것이 아니라 '부당하게 불이익'하다는 점이 인정될 것입니다. 참고로, 1980년대에 북한에서 '두 끼 먹기 운동'이 펼쳐졌다고 국제적인 망신과 비웃음의 대상이 된 적이 있습니다. 피고 한전이 주택용 전력에 규정한 누진 요금제는 북한의 '두 끼 먹기 운동'과 다르지 않은 것입니다.

8. 구체적 사례 - '실제 전기요금 사례'

두 번째 구체적 사례는 '실제 전기요금 사례'입니다.

이번에는 우리 지구촌에 존재하는 실제 '전기요금규정' 중 전기요금에 '누진 요금제'를 도입한 사례를 살펴보겠습니다.

첫 번째는 미국의 사례입니다. 미국은 전기판매사업자가 지역별/구역별로 존재하고 하나의 구역에도 여러 개의 전기판매사업자가 존재합니다.

미국의 North & South Carolina 주에 있는 전기판매사업자인 Duke Power社는 전기요금에 '누진 요금제'를 도입하였습니다. 이 누진 요금제는 1,000kWh를 기준으로

1,000kWh가 넘는 전력사용량에 대하여 하계(여름철)에는 1.3배의 누진 요금을, 다른 계절에는 1.12배의 누진 요금을 부과하고 있습니다. 즉, 미국의 Duke Power社의 경우에는 전력사용량 1,000kWh 이하의 경우에는 단일 요금(기초 요금)이 적용되지만 전력사용량 1,000kWh 초과를 조건으로 누진 요금이 적용되는 것입니다.

마찬가지로, 미국의 New Jersey주에 있는 PSE&G社의 경우도 전기요금에 '누진 요금제'를 도입하였습니다. 그런데 이 누진 요금제는 오직 하계(여름철)에 전력사용량이 600kWh를 넘는 경우에만 1.1배의 누진 요금을 부과하고 있습니다. 즉, 미국의 PSE&G社의 경우는 하계 및 전력사용량 600kWh 초과를 조건으로 누진 요금규정이 적용되고, 이러한 조건이 성취되지 않는 경우에는 누진 요금규정이 적용되지 않고 단일요금(혹은 기초요금)이 적용되는 것입니다.

두 번째는 우리나라의 사례입니다(이 사건 전기요금 규정, '주택용 전력의 누진 요금규정'입니다).

대한민국 전역에서 전기를 판매할 수 있는 사업자는 오직 피고만이 존재하는 바, 피고는 '독점 전기판매사업자'입니다. 또, '전기'는 일반 재화가 아니라 '필수재화'로서 에너지의 최종 형태이며 현대 생활에 있어 사용하지 않고서는 생존조차 할 수 없는 재화(물건)입니다.

그런데 피고는 필수재화인 전기를 독점 판매하면서, 전기사용자를 '용도별'로 분류한 후 '용도별' 전기사용자에 따라 전기요금을 달리 정해 판매하고 있고(이른바 '용도별 요금제'입니다), 오직 '주택용 전력의 전기요금'에만 '누진 요금규정'을 두고 있습니다.

그런데 피고가 '주택용 전력의 전기요금'에 설계하여 도입한 누진 요금제는 사용량 100kWh 이하의 구간에서는 단일요금(또는 기초요금)을 부과하지만 사용량 100kWh 이상부터 누진 요금을 적용하고 있고 500kWh 이상의 경우에는 최고 단계의 누진 요금을 부과하면서 1단계와 6단계의 요금의 비율을 11.7배로 설계되어 있습니다.

첫 번째의 미국 사례와 두 번째의 우리나라 사례를 비교하여 분석해 보겠습니다.

분석을 위해서는, 먼저 한 가구당 월평균 전기사용량이 얼마인지를 확인해야 하는데, 우리나라의 주택용 전력 소비량은 인구 1인당 연 평균 1,274kWh으로 OECE 국가의 평균 소비량인 2,341kWh의 1/2 수준이라는 점을 주목해야 합니다.

따라서 우리나라 주택용 전력의 인구 1인당 연평균 소비량인 1,274kWh를 4인 가족을 기준으로 계산한 월평균 가구당 소비량으로 환산해보면, 대한민국에서 한 가구가 1년에 사용하는 주택용 전력은 5,096kWh(= 1,274kWh × 4인)이고, 이를 12개월로 나눠 월평균 사용량을 계산하면 대한민국의 월평균 가구당 소비량은 425kWh(= 5,096kWh ÷ 12개월)이고 OECD 국가의 월평균 가구당 소비량은 그 2배인 850kWh입니다.

첫 번째 미국의 사례를 살펴보겠습니다.

미국 사례의 경우는 전기를 판매하는 경쟁사업자가 존재하므로, 누진 요금제에 동의하지 않는 전기소비자는 누진 요금규정을 사용하지 않는 전기판매사업자로부터 재화(전기)를 구매하면 됩니다. 따라서 이러한 경우에는 Duke Power社 누진 요금제 및 PSE&G社의 누진 요금제는 모두 '부당성의 정도'가 낮은 것으로 판단해야 할 것입니다.

또한, 미국의 Duke Power社의 경우에는 전력사용량 1,000kWh 이하의 경우에는 단일 요금(기초 요금)이 적용되지만 전력사용량 1,000kWh 초과를 조건으로 누진 요금이 적용됩니다. 그런데 대한민국의 월평균 가구당 소비량은 425kWh이고 OECD 국가의 월평균 가구당 소비량은 850kWh이므로, 어떠한 경우에도 Duke Power社의 누진 요금규정의 적용을 받지 않습니다.

마찬가지로, 미국의 PSE&G社의 경우에는 하계 및 전력

사용량 600kWh 초과를 조건으로 누진 요금규정이 적용됩니다. 그런데 대한민국의 월평균 가구당 소비량은 425kWh이고 OECD 국가의 월평균 가구당 소비량은 850kWh입니다.

따라서 대한민국의 1가구당 소비량을 기준으로 하면 누진 요금규정이 적용되지 않고, OECD 국가의 월평균 가구당 소비량을 기준으로 하면 오직 '하계'의 경우에만 1.1배의 누진 요금규정이 적용될 뿐입니다.

결국, OECD 국가의 월평균 가구당 소비량을 기준으로 하는 경우에도, PSE&G社는 다른 경쟁사업자가 존재하는 상황에서 오직 '하계'에만 '누진단계(2단계)'와 '누진율(1.1배)'의 누진 요금제로 전기를 판매하는 것이므로, 미국의 PSE&G社의 누진 요금제는 전기소비자에게 부당하게 불이익한 것으로 인정되기 어려울 것입니다.

하지만 두 번째 우리나라 대한민국의 사례는 정반대입니다. 우리나라는 전기를 판매하는 사업자가 '독점사업자'인 피고뿐입니다. 따라서 모든 국민은 피고의 누진 요금제에 동의하지 않더라도 다른 사업자로부터 전기를 구입할 수 없습니다. 즉, 대한민국 국민은 독점사업자인 피고의 이 사건 전기요금 규정을 회피할 가능성이 전혀 없는 것입니다.

그런데 피고의 주택용 전력의 누진 요금규정에 의하면, 사용량 100kWh 이하의 구간에서는 단일요금(또는 기초요금)을 부과하지만 사용량 100kWh 이상부터 누진 요금을 적용하고 있습니다. 500kWh 이상의 경우에는 최고 단계의 누진 요금을 부과하면서 1단계와 6단계의 요금의 비율을 11.7 배로 설계했습니다.

따라서 대한민국의 월평균 가구당 소비량인 425kWh을 기준으로 하면 전체 6단계 중 5단계의 전기요금이 12개월 동안 적용되고, OECD 국가의 월평균 가구당 소비량인 850kWh을 기준으로 하면 12개월 동안 최고 단계인 6 단계가 상시적으로 적용되는 것입니다.

이러한 이유로, 우리나라의 1인당 가정용 전력 소비량이 미국의 29%, 일본의 57%에 불과하고 OECD 평균의 1/2에 불과하게 되었습니다.

또한, 다른 OECD 국가들은 '주택용:산업용:공공·상업용'의 전력소비 비율이 '30:30:30'의 수준을 유지하고 있지만, 오직 대한민국에서만 전력판매량(전기소비량)의 비율이 '주택용:산업용:공공·상업용' '14.6:53.6:22.4' 가량의 비율로 왜곡되도록 했던 것입니다(2010년을 기준으로 계산합니다. 하지만 이러한 결과는 2010년에만 나타나는 것이 아니라, 소위 '누진율 11.7배'로 고정된 2006년 이후의 모든 통계가 동일하고, 2010년부터 2016년까지의 통계도 동일합니다).

또한, 주택용 전력의 누진 요금규정으로 인하여, 독점 전

기판매사업자인 피고는 다음과 같은 초과수입을 얻었습니다. 즉,

2010년에는 주택용 전력판매로 인하여 2조 938억 원의 초과 수입을 얻었고,

2011년에는 주택용 전력판매로 인하여 2조 5,607억 원의 초과 수입을 얻었으며,

2012년에는 주택용 전력판매로 인하여 1조 6,183억 원의 초과 수입을 얻었고,

2013년에는 주택용 전력판매로 인하여 1조 3,631억 원의 초과 수입을 얻었으며,

2014년에는 주택용 전력판매로 인하여 9,566억 원의 초과 수입을 얻었고,

2015년에는 주택용 전력판매로 인하여 7,555억 원의 초과 수입을 얻었으며,

2016년에는 주택용 전력판매로 인하여 7,740억 원의 초과 수입을 얻었던 것입니다(반대로 해석하면, 주택용 전기소비자는 그에 상당하는 요금의 불이익을 입은 것입니다).

따라서 전기는 에너지의 최종 형태로서 현대사회에서는 '필수재화' 중의 필수재화이고 전기가 없으면 대한민국 국민이 생존할 수 없는데, 이러한 상황에서, 피고가 독점적 전기판매사업자로서 오직 '주택용 전력'에만 누진 요금규정

을 도입했고 주택용 전기소비자인 대한민국 국민은 누진 요금규정을 회피할 가능성이 전혀 없는 상황입니다.

그런데다가 주택용 전기소비자의 불이익 및 전기사업자인 피고의 이익은 위와 같으므로, 이 사건 전기요금 약관(주택용 전력의 누진 요금규정)은 '불이익'할 뿐만 아니라 '현저하고 부당하게 불이익'한 것으로 보아야 하는 것입니다.

결국, 첫 번째 미국 사례의 경우는 누진 요금제로 인하여 전기소비자에게 '불이익'이 있는 것은 당연하지만 전기소비자가 누진 요금제를 회피할 수 있다는 점, 누진 단계가 2단계에 불과하다는 점, 월평균 전기소비량을 고려하면 누진 요금이 적용되지 않거나 극히 일부의 경우에만 적용된다는 점 등을 고려하면, 첫 번째 경우는 '불이익'한 요금규정이지만 '부당하게 불이익'한 요금규정으로 인정되지 않을 것입니다.

그러나 두 번째 대한민국 사례의 경우는 누진 요금제로 인하여 전기소비자에게 '불이익'이 있는 것은 당연하고, 전기소비자가 누진 요금제를 회피하는 것이 아예 불가능하다는 점, 누진 단계가 6단계이고 누진율도 11.7배에 이른다는 점, 월평균 전기소비량을 고려하면 상시적으로 최고 6단계 중 5단계가 적용되거나 최고 단계가 적용되는 요금구조로 설계되었다는 점 등을 보면, 두 번째 대한민국 사례의 경우는 그냥 '불이익'한 것이 아니라 '부당하게 불이익'하고, 그것도 '현저하고 부당하게 불이익'하다는 점이 인정되어야 하는 것입니다.

9. 결론

이 사건 전기요금 약관(주택용 전력의 누진제 요금규정)의 변경(개정)과 관련하여, 피고는 관련 법령이 규정한 절차를 준수하지 않았습니다. 또한, 이 사건 누진 요금제를 도입할 필요성은 인정되지 않습니다.

나아가, 이 사건 전기요금 약관(주택용 전력의 누진제 요금규정)은 주택용 전기사용자의 이익을 부당하게 제한하는 요금규정으로서, 구 전기사업법의 목적과 취지에 반하는 정도로 주택용 전기사용자의 이익을 제한하고 있습니다.

그렇다면, 이 사건 전기요금 약관(주택용 전력의 누진제 요금규정)은 약관규제법 제6조 제1항을 위반한 것이므로, 귀 원께서는 위법한 대법원 판결을 시정하시어 이 사건에 대한 정의로운 판결을 선고해주시기 바랍니다.

원고(중간확인원고)들의 소송대리인
법무법인 인강(印江)
담당변호사 곽 상 언

*이 사건의 진행을 위해 나는 천 페이지가 훌쩍 넘는 서면을 14개 법원에 제출했다. 법원에 제출한 서면의 양은 2개의 책장을 가득 채우고 남는다. 이 '최후 변론'은 제출한 서면의 내용 중 재판부가 꼭 듣기를 원하는 부분을 다시 추려서 구술하기 편한 형태로 변형한 것이다. 나는 이 '최후 변론'을 법정에서 진술하려고 했으나 3개의 법원은 이유도 없이 불허했고, 이제는 단 하나의 법원이 진행하는 재판만 남아 있다. 2024년 4월에 진술할 기회가 있을 것으로 보인다. 이 사건은 이론적으로 그리고 통계적으로 국민이 승소해야 하는 사건이다. 국민이 승소한다면, 각 가정은 평균 50만 원 가량의 전기요금을 반환받을 수 있었다. 국민의 권리를 회복하는데 너무 늦었고 실효성도 거의 없는 사건이 되었지만, 대한민국 법원이 이제라도 정의로운 판결을 선고해주기를 바랄 뿐이다.

대통령 박근혜 위자료 청구 소송

이명박 시대에 당신은 고통스러우셨습니까? 박근혜를 찍으십시오.
고통이 무엇인지, 더욱 분명하게 느끼실 겁니다.

2016년 10월 29일, 3만 명(경찰 추산 1만 2,000명)의 국민이 촛불을 들었다. 그 후로 우리 국민은 매주 토요일 여섯 번에 걸쳐 촛불을 들며 대통령 박근혜에게 국민의 뜻을 전했다. 마침내 2016년 11월 12일, 검찰은 대통령 박근혜의 범죄사실을 국민에게 알렸다. 국회는 헌법이 규정한 탄핵 절차에 대해 논의했다. 100만 촛불이 또다시 청와대 앞 광화문과 전국 각지를 밝혔다.

그러나 대통령 박근혜는 끝끝내 촛불을 외면했다. 국민의 목소리에 귀를 닫았다. 오히려 자신의 위법행위, 대통령직을 이용한 범죄행위를 정당화했다. 3차례의 대국민 거짓 담화로 자기 뜻을 분명히 밝히며 등을 돌렸고 국민 마음에 크나큰 상처를 주었다. 현직 대통령에 의한 헌정 중단 사태는 대한민국 건국 이래 처음 있는 일이지만, 대통령 박근혜는 계속된 거짓말로 대한민국 국민의 자긍심을 짓밟았고 모든 국민을 치욕스럽게 했다.

나는 촛불로 멈춰서는 안 된다고 생각했다. 국민의 촛불이 횃불이 되고, 그 횃불이 다시 들불로 번져, 국민의 상처받은 마음이 치유되길 바랐다. 나는 대통령 박근혜가 국민의 뜻에 따르도록 하는 방법으로 소송을 생각했다. 그 즈음 어떤 분이 내게 '박근혜 대통령을 상대로 위자료를 받을 수 있는 법적인 근거가 있는지' 물었던 것이 계기가 되었다. 대통령 박근혜가 국민의 목소리를 외면했다고 국민이 청와대에 돌을 던지면, 국민은 끌려갈 수밖에 없다. 하지만, 국민이 돌을 던지는 대신 소송을 제기하면 국민의 목소리가 담긴 소장은 청와대로 송달되고 대통령 박근혜는 들을 수밖에 없다. 그래서 나는 2016년 11월 즈음 대한민국 국민의 한 사람의 입장에서 또 법률가의 입장에서 대통령 박근혜를 상대로 위자료 청구 소송을 진행하게 되었다.

처음에 나는 '대통령 박근혜 위자료 청구 사건'에서 변호사로서 문서 작성업무만을 수행하려고 했고 뜻을 함께하는 다른 변호사님들이 공식적으로 수행하기를 바랬다. 하지만 다른 변호님들께서 내가 직접 선봉에서 이 사건을 수행하기를 강력히 권하셨다. 내가 소송에 참여하는 사람들이 많은 사건을 처리해 본 경험이 있다는 것과 내가 사회적으로 알려져 있다는 점을 이유로 들었다. 최종적으로 서면의 작성은 물론 법정 출석 등의 진행은 내가 맡고, 그 밖의 업무는 다른 변호사님들께서 조력해주시는 것으로 결정했다.

국민 누구나 소송에 참가하도록 했고 소송비용은 5,000원 이상의 금액으로 자유롭게 선택할 수 있도록 했다. 소송비용을 그렇게 정한 것은 더 많은 참여를 독려하기 위해서였다. 소송에 드는 비용에는 법원에 납부하는 인지대, 송달료 등의 소송비용과 변호사 보수가 있다. 청구하는 위자료가 증가하면 인지대도 증가한다. 변호사 보수는 내가 받지 않거나 소송수행에 필요한 최소한 정도로 정하기로 했다. 추가 비용은 전혀 없었다. 커피한 잔, 담배 한 갑을 살 수 있는 금액으로 소송에 참여해달라고 호소했다.

전기요금 부당이득 반환청구 소송의 진행에서 얻은 모든 노하우를 활용해볼 셈이었다. 그리고 만약 대통령 박근혜로부터 위자료를 받게 된다면, 소송에 참가한 국민이 지정해준 위자료 전액을 공익재단에 출연하겠다고 밝혔다. 그래서 대통령 박근혜에게서 받은 위자료가 국민의 상처 치유를 위해서 사용될 수 있게 하겠다 공언했다.

2016년 11월 22일 시작한 '대통령 박근혜 위자료 청구 소송'에 12월 4일 기준으로 1만 명에 이르는 국민이 참가했다. 해외에 거주하는 재외국민들의 신청도 많았다. 그분들은 이런 말씀을 했다. "해외에 있는 국민은 대한민국의 명예에 해가 될까 봐 무척 조심하며 살고 있다. 해외 언론은 대한민국 대통령에 대해 연일 보도하고 있고 조롱 섞인 보도 때문에 무척 수치스럽다. 외국에서 한국인으로 사는 것이 더 힘들어지고 있다. 반드시 소송으로 해결해 달라." 놀라운 일이었다.

우선 국민 5,000명의 이름으로, 나는 첫 번째 소장을 2016년 12월 6일 오후 2시 서울중앙지방법원에 제출했다. 나는 이 소송을 변호인인 나를 거치지 않고 국민이 직접 '본인의 이름으로' 진행할 수 있도록 소송 진행에 필요한 방법을 모두 정리해 법무법인 인강의 홈페이지에 게재해 두었다. 300명의 용기 있는 국민을 초대했다. 만약 국민이 자신이 거주하는 지역에 소재한 전국 각지 법원에서 직접 진행한다면 더 큰 위력이 있을 거로 생각했기 때문이다.

또 '대통령 박근혜 위자료 청구 소송'의 취지에 공감하는 전국의 변호사들을 독려하여 직접 소송을 진행하시는 국민이 어려움이 없도록 함께할 것을 독려했다. 변호사로서 소송을 돕는 방법은 세 가지로 제시했다.

하나는, 이미 진행되고 있는 사건에 추가로 위임장을 제출하여 나와 함께 소송을 진행하는 방법이었다. 둘은, 전국 각지에서 소송을 직접 진행할 300명의 국민이 소송을 진행하는 데 어려움이 없도록 변호사로서 조력하는 방법이었다. 셋은, 변호사들이 직접 국민을 모아서 추가적인 소송을 진행해주는 것이었다. 이를 위해 내가 먼저 서울중앙지방법원에 제출한 소장을 법무법인 인강의 홈페이지에 올려두었다. 당시 몇 명의 변호사들이 참가 의사를 밝혔고 존경하는 양범 변호사가 진행을 조율해주기로 한 터였다.

12월 23일자로 국민의 목소리가 담긴 소장이 청와대로 우편 송달되었다. 그리고 2017년 1월 4일 나는 국민이 원고로 참가한 소장을 추가로 접수했다. 모두 4,160명이었다. 두 번째 소송에서 원고를 4,160명으로 한 것은 세월호 참사일인 4월 16일을 기억하기 위해서다. 당시에도 박근혜는 국민의 뜻을 외면하며 대통령 직무가 정지되었는데도 대통령의 직무행사인 기자회견을 서슴지 않고 있었다. 국민의 뜻과 국회의 탄핵 결정을 모두 무시한 처사였다. 그의 초법적인 현실 인식을 보며 나는 안타까운 마음마저 들었다.

그 후에도 계속해서 소송에 많은 국민이 참가해주었다. 2017년 6월 22일, 나는 세 번째로 사건을 접수했다. 첫 번째, 두 번째 사건 소장은 모두 청와대로 송달되었으나 세 번째 사건 소장은 박근혜 전 대통령이 있는 서울구치소로 송달되었다. 그리고 2016년 첫 소송 제기 뒤 4년 만에 최종 판결이 나왔다. 결과는 패소였다.

소송을 처음 시작한 때를 떠올려 보았다. 그 당시 온 국민은 대통령의 위법한 직무 수행에 분노했다. 촛불을 들었고, 그 촛불은 햇불이 되어, 들불로 번져갔다. 이 소송도 그 처음의 촛불과 함께 시작되었다. 여전히 온전한 국가에 대한 소망이 실현되지 않았다는 국민의 원성이 들린다. 정말 우리의 소망을 현실로 만들 수는 없는 걸까.

종교의 정치 참여

종교인은 사회구성원으로서 누구나 자신의 견해를 표현할 수 있고 표현해야 한다. 정치는 사회 갈등의 해결을 위한 작용 혹은 그 갈등 해결을 명목으로 한 권력 작용이므로, 사회구성원인 종교인은 마땅히 정치에 대한 의견을 표현해야 한다.

"정교政教는 분리分離되며, 종교宗教는 정치政治에 참여해서는 안 된다."

이 말은 정치의 정당성이 종교에 터 잡아서는 안 된다는 뜻이다. 신의 이름으로, 신이 부여한 정당성을 근거로, 종교가 국가의 정치를 직접 수행해서는 안 된다는 의미이다. 마찬가지로, 국가의 정치가 종교적 권위를 강요하며 국민에게 신앙과 같은 복종을 강요해서는 안 된다는 의미이다.

국가의 정치적 행위가 '신의 이름'으로 행해지는 것처럼 무서운 것은 없다. 신의 뜻만큼 정당하고 의로운 것은 없기 때문이다. 신의 뜻이 옳은 것인지를 의심하는 것 자체가 신앙이 없는 것이고 불복종이기 때문이다. 모든 불평, 불만, 저항이 금지되는 무서운 정교일치政敎一致의 국가이다.

나는 '정교일치'를 꿈꾸는 사람들에 대한 언론보도를 아주 간혹 보았다. 그들은 사회구성원으로서 자신의 '정치적 견해'를 표현하는 것을 훌쩍 뛰어넘어, 종교인의 직위를 이용하여 '정당'을 만들어 권력을 잡으려고 했다. 그들은 종교의 권위를 가진 정치지도자가 되고자 했고, 종교가 곧 국가가 되는 세상을 꿈꾸었다.

하지만 극히 일부의 평범한 사람들을 제외하고는, 소위 언론주도층 그 누구도 이들에게 "정교분리에 위반된다"라고 비판하는 것을 본 적은 없다.

"하늘이 보낸 신성한 지도자"

고조선과 같은 고대 국가는 하늘이 보낸 신성한 지도자, 천손^{天孫}이 직접 지도자가 되어 다스리는 나라이다. 하늘의 권위, 샤머니즘적 권위에 국가 정치작용의 정당성이 근거한다. 정교일치의 국가이다.

오늘의 나는, 국가지도자를 '하늘의 자손^{天孫}'으로 받들어 그에게 무한한 정당성을 부여하는 고대 국가에서 살고 싶지 않다. '백두혈통'의 신성이 다스리는 나라, '반신반인'의 신인이 다스리는 나라, 종교적 힘을 가진 정치로 신앙적 복종을 강요하는 나라를 원하지 않는다. 만일 우리나라가 이런 국가라면, 종교가 이미 정치에 참여한 것이고, 정치가 이미 종교화되었다고 할 수 있다. 이런 의미에서, 나는 종교가 정치에 참여하는 것을 반대할 뿐이다.

오늘 나는, 가슴이 떨리는 문장을 만났다.
"불의에 대한 저항은 우리 믿음의 맥박과 같은 것이다."
내 맥박이 지금껏 뛰고 있었는지 모르겠다.

변호사가 아닌 '정치인'을 결심하며

정치인은 길을 내는 사람이어야 한다.
국민의 희망을, 그들의 분노를 알아야 한다.
그래서 국민을 대신하여 그 희망과 분노가 나아갈 수 있도록
길을 터주어야 한다.

2004년부터 지금까지 나는 변호사로 살아왔다. 의뢰인의 눈물을 보며 그 눈물을 닦아주기 위해 노력했다. 부조리하고 불공정한 문제를 인식하게 되면 밤을 새워 연구했고 소송을 진행해왔다. 2014년부터 9년간 '누진제 전기요금 소송'을 진행했고, 정의롭지 못한 지도자와 정치세력을 규탄하는 촛불혁명 속에서 내 나름대로 할 수 있는 역할을 찾기도 했다. 2016년부터 진행한 '박근혜 대통령 위자료 청구 소송'도 내가 찾은 역할이었다. 모두 패소했지만, 법조인으로서 사회 부조리에 맞서는 역할에 충실했다고 생각한다.

변호사로 일하면서 이상과 현실이 다르다는 것을 절감했다. 어쩌면 당연한지 모르겠다. 모두가 법을 잘 지키면, 모든 국민이 행복해지고 부유해질 수 있는지 늘 의문이었다. 또 세상에는 너무도 많은 법률이 존재하는데, 그 수많은 법을 우리가 모두 온전히 지킬 수가 있는 것인지 자문하기도 했다. 이러한 물음은, 법만 잘 지켜도 부강한 국가를 만들 수 있는 세상, 법만 잘 지켜도 행복한 국민이 될 수 있는 세상, 그러한 세상을 만드는 데 기여하고 싶다는 큰 꿈으로 이어졌다. 그리고 내 꿈을 이루기 위해 무엇을 해야 할까 오랜 시간 고민했다.

내가 찾은 답은 '정치政治'였다. 정치는 사람들의 이해관계를 조정하고, 공동체를 구성하는 사람들의 꿈을 현실로 만든다. 우리 삶은 정치를 떠날 수 없다. 이것이 바로 내가 변호사가 아닌 정치인이 되겠다고 결심한 이유이다. 나는 공동체의 가능성을 찾아내 그 가능성을 현실로 만드는 사람이 되고자 한다.

앞으로의 정치체제는 모두 국리민복國利民福, 국가의 이익과 국민의 행복에 부합하는 방향으로 설계되어야 한다. 국리민복에 부합하지 않는 정치는 배척되어야 한다. 나는 앞으로 국가의 이익과 국민의 행복을 최대 가치로 삼는 정치인이 될 것을 결심했다.

세상 사람들은 여전히 나를 '노무현 대통령의 사위'로 부른다. 내 아내의 아버지께서 노무현 대통령이시니, 어쩌면 당연한 호칭이다. 하지만 이제부터는 '곽·상·언'이란 내 이름 석 자를 세워 제 소명을 찾을 것이다. 그것이 수많은 이들이 따르고자 하는, 어르신의 큰 정치의 뜻을 이어가는 길로 믿는다.

충북도지사 선거에 대한 입장문

존경하는 충북도민 여러분, 충북 보은군·옥천군·영동군·괴산군 더불어민주당 전 지역위원장 곽상언입니다.

오는 6월 1일 실시되는 충북도지사 선거 출마와 관련하여 최종 입장을 말씀드립니다.

이번 지방선거는 지난 3월 9일 실시된 대통령 선거 이후 3개월 만에 실시되는 지방선거입니다. 대통령 선거 이후 많은 국민이 우리 대한민국의 발전을 희망하시면서도 퇴행적 정치를 걱정하고 계십니다.

이러한 상황에서, 저는 이번 지방선거에서 새로운 역동성이 필요하다고 판단했습니다. 쇄신을 통한 변화, 변화를 위한 쇄신의 과정을 통해, 국민이 다시 정치에 희망을 찾을 수 있다고 생각했습니다. 출마 선언은 하지 않았지만, 그동안 필요한 준비를 했던 이유입니다.

정치의 목표는 국민통합國民統合, 국민통합에 기반한 국리민복國利民福입니다. 그 정치의 과정에서 다양한 가치의 경쟁, 정치의 경쟁 및 정치세력의 경쟁이 필요합니다. 하지만 이러한 경쟁은 오직 통합을 이룰 수 있을 때만 의미가 있습니다. 이는 쇄신을 목표로 하는 경쟁도 마찬가지입니다.

지난 대통령 선거 이후, 많은 분이 지방선거 출마 선언을 하셨습니다. 하지만 정치인들의 출마 선언이 국민에게 희망을 주어야 함에도, 국민을 위로하지 못하고 있습니다. 선거운동이 진행되면서, 국민은 정치의 통합과 국민통합을 기대하기보다 정치세력의 분열을 걱정하고 계십니다. 이러한 상황을 보며, 저는 고심 끝에 지방선거 출마를 위해 경쟁하지 않는 것이 분열의 정치 대신 통합의 정치로 가는 길이라고 결론 내렸습니다. 이번 충청북도지사 선거에 출마하지 않겠습니다.

저는 지난 21대 국회의원선거에서 충청북도 보은군·옥천군·영동군·괴산군 지역구에 출마했습니다. 충청북도는 제가 처음으로 정치를 시작한 정치적 고향입니다. 대한민국의 중심에 있는 충청북도에서, 저는 국민의 통합을 위한 정치의 새싹을 심고 싶었고, 충북도지사 선거에 출마하려고 했던 생각도 그 연장선이었습니다.

앞으로 더 많이 다듬고 성찰해서 국민께 더 큰 희망을 보여드리고자 노력하겠습니다. 저를 아끼고 사랑해주신 보은군·옥천군·영동군·괴산군 군민들, 충청북도 도민들께 깊이 감사드립니다.

고맙습니다.

곽상언 올림
(2022. 4. 7.)

출사표를 던지다

그 후,
인생의 링 위에서 벌어질 모든 일에 대해
책임지고 승복하십시오.

나는 2020년 실시된 4.15 총선에서 충북 보은군·옥천군·영동군·괴산군 선거구에 출마했다. 영동군으로 이사하고 민주당 서울시당에서 충북도당으로 당적을 바꾸면서 정치인의 길로 접어들 것임을 공식적으로 선언했다. 아내는 선거 현실을 아는 사람이기에 걱정이 많았고 장모님 권양숙 여사는 크게 격려해주셨다.

사실 나는 충북 영동군이 본적이다. 지난 수백 년 동안 내 조상이 사신 곳이기도 하다. 충북 옥천군은 박정희 전 대통령 부인 육영수 여사의 생가가 있는 전통적인 보수 텃밭이다. 당 입장에선 '험지'라고 하지만 조상 넋이 깃든 충북에서 정치를 시작하겠다 선언한 것은 큰 의미가 있었다. 다만, 중앙당이 선거일에 임박해서 나의 출마를 결정했기 때문에, 나는 2020년 1월 22일이 되어서야 출마선언을 할 수 있었다. 실제로는 두 달도 채 되지 않는 시간 동안만 선거운동을 할 수밖에 없었다.

나는 늘 정치할 생각이 있었지만, '내가 해야만 했던 일들'로 미뤄왔다. 어찌 보면 나는 결혼한 이후 변호사로서, 노무현 대통령의 딸 노정연의 남편으로서 살았다. 그 시간 동안 나는 대한민국 국민의 한 사람으로서 국가에 어떤 일이 벌어져도 아무것도 할 일이 없다는 무력감을 느꼈다. 수없이 많은 부조리를 몸으로 익히는 과정, 그것을 '사회화' 과정이라고 수긍하며 우리의 본질을 왜곡하는 현실을 목도해왔다.

정의롭고 정당한 방법으로 성공할 수 없고 사회적으로 설 수 없다는 인식, 그저 세상을 바라보며 '촛불' 하나 드는 행위도 큰 용기가 필요한 세상, 이것이 우리 국민이 정치를 보는 관점이다. 그 무력감을 바꾸어 나가고 싶었다. 정치의 힘, 권력을 사용해서 사회가 정상적으로 돌아가도록 만들고 싶었다. 나는 소명감으로 있는 힘을 다해 뛰었다.

선거 기간 동안, 많은 분에게서 과분한 사랑을 받았다. 그 사랑으로 큰 희망을 보았다. 동시에 내 앞에 놓여 있는, 어쩌면 우리가 모두 안고 있는, 현실의 벽도 다시 한번 확인했다. 하지만 '현실의 벽'을 보았다는 것이 오히려 또 다른 희망이었다. 그 벽의 실체를 보았기 때문이다.

개표 결과는 낙선이었다. 4만 2,613표를 얻어 41.4%의 득표율을 기록했다. 지난 8년간 텃밭을 다져온 통합당 박덕흠 의원이 얻은 56.88%에 15.4%P 차이로 낙선한 것이다. 지역의 미래, 정치의 미래를 앞당기지 못해 마음이 아팠고 지역민들에게 약속드렸던 희망을 현실로 만들지 못해 죄송했다. 정치가 바뀌면 삶이 나아질 수 있다는 갈망으로 부족한 나를 용기를 내 지지해주신 분들을 생각했다. 다시 또 걸으며 새로운 내일을 만들 것을 다짐했다.

정치는 물길을 내는 것이다. 희망이 솟아오를 때, 분노가 들끓을 때, 희망과 분노가 향하는 길을 내는 것이다. 정치인은 길을 내는 사람이어야 한다. 국민의 희망을, 그들의 분노를 알아야 한다. 그래서 국민을 대신하여 그 희망과 분노가 나아갈 수 있도록 길을 터주어야 한다.

정치인의 선택은 국민의 희망과 분노를 반영해야 한다. 그 결단이 그의 삶으로 응축된 선택이면 더 큰 울림이 있을 것이다. 나는 국민에게 선택의 기회를 부여하기 위하여 자신을 버리는 정치인이 될 것이다.

내게 남은 삶을 헤아려본다. 단 하나의 소명이 가슴을 두드린다.

"희망과 분노의 길을 터주어라.
국민에게 선택하게 하라."

어르신께서 이런 인터뷰를 하신 적이 있다.
"내가 성공하는 게 대한민국에 희망을 주는 것이다."

엄청난 말씀이었다.
내가 성공하는 것이 스스로 만족도 있지만,
그 성공 자체로 타인에게 희망을 줄 수 있다는 의미이다.

V
소명

대통령의 자리

나는 우리의 투표로 선출될 그가,
선택된 이후에는 자신의 꿈을 꾸는 것이 아니라
타인의 꿈을 꾸는 사람이기를 소망하고 있다.
그런 사람이 선택된다면
최소한 그를 제외한 타인은 모두 행복할 것이다.

'자리가 사람을 만든다'라는 이야기가 있다. 사람이 어떤 직위에 있게 되면 그에 어울리는 모습으로 변하게 마련이라는 말이다. 또 이 말은 사람이라면 모름지기 자신이 앉은 자리에 맞는 역할을 해야 한다는 뜻이 있을 것이다.

군대 문화를 경험해본 사람은 누구나 안다. 나이, 사회적 신분, 배운 정도와 상관없이, 이등병은 이등병의 미숙함을 보이고, 병장은 병장으로서의 의젓함을 보인다는 것을. 자리가 사람을 만들고, 사람은 자신이 앉은 자리의 역할을 하기 때문이다.

윤석열 대통령은 현재의 자신을 어떤 존재로 인식하는지 궁금하다. 또 지금 대한민국 대통령의 자리에 윤 대통령이 단단히 앉아있는지 실로 의문이다.

윤 대통령은 지난 2023년 3월 4일 전직 검사를 국민연금의 상근전문위원으로 임명했다. 그 며칠 전에는, 후배 검사인 정순신 변호사를 경찰청 최고위직 중 하나인 국가수사본부장에 앉혔다가 아무런 설명 없이 사퇴시켰다. 2022년 6월에는 금융감독원장으로 현직 부장검사이던 이복현을 임명했다.

법무부 장관·차관에 후배 검사를 앉힌 것은 물론이다. 국가정보원 기획조정실장, 국무총리 비서실장, 법제처장, 대통령실 비서관, 민주평화통일자문회의 사무처장 등 요직에 친구 검사 또는 후배 검사를 임명했다. 이러다가 대법원장도 전직 검사를 임명할 태세다.

이른바 '검사 전성시대'이다. 누구는 '검찰 공화국' 또는 '검찰 왕국'이라고 부른다.

왜 이런 일이 벌어질까. 혹시라도 윤 대통령은 자신을 대한민국 대통령이 아니라, 검찰총장 이상의 초월적 힘을 가진 힘센 검사로 인식하고 있는 것은 아닐까. 혹시라도 윤 대통령은 자신을 검왕檢王으로 인식하고 있는 것은 아닐까.

'권력의 사유화'는, 권력을 가진 사람이, 권력의 자리에 앉은 사람이, 그 자리의 역할을 마음대로 바꿀 때 벌어진다. 대통령은 대통령의 역할을 해야지, 검통령檢統領의 역할을 해서는 안 된다.

우리는 대통령이 없는 시대에 살고 있다. 검사, 힘센 검사, 대통령직에 있는 우두머리 검사를 보고 있을 뿐이다. 윤 대통령은 자신이 대통령으로 인식되기보다, 검찰총장 이상의 초월적 힘을 가진 검사로 인식되기를 바라는 것 같다.

대통령이 스스로 검왕의 역할로 자신을 한정해서 대통령의 자리를 비우게 되면, 누군가는 반드시 대통령의 역할을 한다. 기능적 의미의 대통령이다. 그는 대통령의 자리로 스며들어 대통령의 역할을 한다. 이미 국민은 대통령의 자리에 앉아있는 사람이 누구인지 수군거리기 시작했다. 언론보도에 누가 많이 나오고 누가 더 많은 세간의 관심을 받고 있는지 살펴보면 그가 누구인지 금방 안다.

논어를 보면, 제나라 경공이 공자에게 '정치가 무엇인지'를 묻는 장면이 나온다. 그때, 공자는 이렇게 말한다(齊景公問政於孔子, 孔子對曰). "(정치란) 임금은 임금답게, 신하는 신하답게, 아버지는 아버지답게, 자녀는 자녀다운 것입니다(君君, 臣臣, 父父, 子子)".

그렇다. 대통령이 대통령의 자리에서 대통령다운 역할을 하면 된다. 그것이 정치다.

대통령은 마땅히 대통령의 자리에 있어야 한다. 아빠는 아빠의 자리에, 엄마는 엄마의 자리에 있어야 하는 것처럼, 대통령은 대통령의 자리에 있어야 한다. 그 자리에 있으라고, 그 자리를 단단히 지키라고, 국민이 투표한 것이다. 과거 앉았던 자리와 지금 앉아있는 자리가 다르다는 것을 알고, 대통령의 자리에 제대로 앉아있어야 한다.

    과거 대통령을 높이는 말로 '각하'라는 말을 썼다. 윤석열 대통령께서 대통령의 자리에 단단히 앉아 계시고 대통령의 역할을 하시면 좋겠다. 그러면 나는 그를 '각하'라고 부를 것이다. 아니, '폐하'라는 호칭을 원하신다면 흔쾌히 그렇게 하겠다. 호칭이 무슨 상관이 있으랴. 국민이 선출한 대통령이 대통령 자리를 비우지 않고 대통령 자리에 제대로 앉아있는 것을 보게 되는데.

사람을 선택하는 평범한 기준

나는 작가 김형경의 《사랑을 선택하는 특별한 기준》이라는 소설을 읽었다. 당시 30대 초반의 미혼남으로서 앞으로 결혼하여야 하며 그에 앞서 사랑을 하여야 했던 나에게는, 그 소설의 제목이 무척 매력적이었다. 비록 그 소설은 '사랑'이 무엇인지 그리고 그 사랑을 선택하는 '특별한' 기준이 무엇인지 구체적으로 말하고 있지 않지만, 지금도 재미있었다는 기억과 함께 그 제목만큼은 아직도 내 기억 속에 선명히 남아있다.

사람은 끊임없는 선택의 순간을 맞도록 운명 지워졌고, 그 선택이 부여하는 결과에 따라 삶을 형성해 나간다. 어떠한 선택을 한 이후에는, 자신이 한 결정에 자부심을 가질 수도 있지만, 대부분은 선택하지 않은 길을 근거 없이 동경하거나, 자신이 선택한 결정에 대해 때늦은 후회를 하곤 한다. 특히 중요한 결정을 하면서 섣부른 선택을 하였다가 자신의 예상과 다른 결과를 맞게 될 때면, 자신의 무지 혹은 철저하지 못한 준비를 탓하기도 하는 것이 우리 인간인 것 같다.

눈을 돌려 국가를 단위로 선택의 순간을 바라보면, 우리는 현재 5년을 주기로 중요한 선택을 하게 된다. 어떤 특정한 '사람'을 국가의 수반으로 선출할 것인지를 선택하여야 하는 것이다. 사람에 따라, 그리고 그 사람이 지내온 삶의 여정 및 그 사람이 가지고 있는 가치관에 따라, 대통령 선거로 표출되는 이 선택을 바라보는 관점이 다를 것이며, 그 선택에 대한 기준이 다를 것은 분명하다. 그 기준이 특별한 것이든 평범한 것이든 말이다.

나는 우리의 지도자를 뽑는 기준으로 적극적인 기준과 소극적인 기준을 가지고 있다. 적극적인 기준이란 선출될 그가 어떠한 품성을 소유하고 있는 사람이면 좋겠다는 이상적인 소망이다. 그리고, 소극적인 기준이란 우리의 지도자가 가지지 않았으면 하는 최소한의 인성 기준이다.

나는 우리의 투표로 선출될 그가, 선택된 이후에는 자신의 꿈을 꾸는 것이 아니라 타인의 꿈을 꾸는 사람이기를 소망하고 있다. 즉 타인의 꿈이 자신의 꿈이 되고 그 꿈의 실현이 자기 행복이 되는 사람이 선거에서 선택되었으면 하는 소망이 있다. 현실적으로 이러한 기준을 온전히 충족시키는 사람이 존재하는지 의문이지만, 그런데도 내가 이러한 기준을 견지하고 있는 이유는, 이 기준에 보다 가까이 다가선 사람이 선택된다면, 최소한 그를 제외한 타인은 모두 행복할 것이라는 믿음을 가지고 있기 때문이다.

또한, 나는 사람에 대한 최소한의 예의를 갖추지 못한 사람이 지도자로 선택되지 않기를 바라고 있다. 마찬가지로, 사람에 대한 사랑이 지나치게 없어 타인을 자신의 욕망을 실현하기 위한 도구로 바라보는 삶의 방식을 가진 사람도 우리의 선택된 그가 되지 않았으면 한다. 참으로 소박하고 평범한 기준이라고 생각한다.

하지만 여러 교양교육으로 무장하여 자기 외피를 가꾼 교활한 사람들이 실제로 이러한 삶의 태도를 가지고 있는 사람인지 명확히 분별하기는 어려울 것 같다. 또한 현실적으로, 타인에 대한 예의 없이 자신의 의견만이 옳다고 주장하는 사람들을 소신이 강한 사람으로 선해(善解)하는 견해도 더러 있고, 사람을 수단화하여 자기 욕망의 도구로 삼는 태도를 가진 사람들을 권력에의 의지가 강한 사람이고 따라서 정치지도자로서 큰 결격을 가진 것은 아니라는 견해도 안타깝지만 실재하는 것 같다. 결국, 어떤 사람이 이 최소한의 인성 기준을 가진 사람인지 분별하는 것이 그리 쉽지 않을 수 있을 것도 같다.

이제 곧 중요한 선택을 할 시간이 다가온다. 선택의 결과는 우리의 삶을 결정할 것이기에, 어떠한 기준으로 사람을 선택할 것인지는 우리 마음에 품어야 하겠다.

곽상언

(2007. 7. 15.)

정당의 인식과 위선

정해진 지도자는 없다.
혼란을 수습하는 사람이 지도자다.
지도자를 보고 싶다.

2020년 8월, 대통령 비서실장이 정부의 방침에 따라 청와대 참모들에게는 집 한 채만 남기고 매각할 것을 권고했다가 정작 본인은 2개의 주택을 소유한 것이 드러나 결국 모두 매각하는 일이 있었다.

2023년 5월, 국회의원이 주식거래소에서 거래되는 주식이 아닌 가상화폐 거래소에서 거래되는 '코인'을 보유한 사실이 알려졌다. 게다가, 이 코인을 수백 차례에 걸쳐 수십억 원에 이르는 거래를 했다는 보도가 이어지고 있다. 더불어민주당은 진상조사에 착수했다.

언론보도를 보면, 부동산 투자로 큰돈을 벌었다는 이야기,

경제예측과 더불어 유망한 주식에 대한 전망을 다루는 기사, 새로운 시대에는 가상화폐와 같은 새로운 형태의 투자 수단에 주목해야 한다는 이야기, 과천 경마장에서 전 재산을 탕진했다는 기사 등을 종종 볼 수 있다. 부동산이든, 주식이든, 가상화폐든, 심지어 경마競馬든, 투자의 종목을 가리지 않고, 큰돈을 버는 종목과 수단에만 관심을 가지고 큰돈을 번 사람을 선망한다.

하지만 정치의 영역으로 돌아오면, 정치인들은 국민에게 근로의 소득만이 신성한 것이고 부동산은 투자의 대상이 아니라고 설득한다. 그래서 부동산 투자를 다양한 방식으로 규제하고, 허용되는 투자의 대상은 주식에 한정되는 것처럼 이야기한다.

'부동산 투자', '주식 투자', '코인 투자'는 모두 '노동 이외의 자산 획득 수단'에 해당한다. '노동'을 투여하는 것이 아니라 '자본'을 특정 대상에 투여하고 그 이익을 취득하는 것이다. 노동은 시간과 강도에 비례하여 대가를 수취하지만 '노동 이외의 자산 획득 수단'은 '우연성'에 기반한 이익을 취득한다.

그렇다면, '노동에 의한 자산 획득'만이 정당한 것인가. '노동 이외의 자산 획득 수단', 즉 '우연성에 기반한 자산 획득 수단'은 부정한 것으로, 불법을 배태胚胎하고 있는 것인가.

'노동에 의한 자산 획득'만이 정당하다는 사고는 노동만이 기치를 창출하며 노동의 시간 및 가치에 비례하여 소득을 줘야 하고, 그 이외에는 부정하다는 인식에서 출발한다. '무노동 무임금', '노동가치설'이라는 학설과 같은 정책과 이념은 이러한 인식을 반영한다.

그런데 세상이 실제로 그러한가. 인간은 본질적으로 눈에 보이지 않는 '가치'를 인위적으로 창출하는 존재다. 따라서 가치를 창출하는 수단은 현실적으로 노동 이외에도 많다. 가치의 창출 수단은 관념적인 '시장원리'에 따라 평가된다. '시장'은 가치의 창출 수단을 우연성에 기반하여 역동적으로 평가한다. 우리는 우연성에 따라 역동하는 시장을 '예측'할 뿐이다.

노동의 대가만이 정당하다는 사고를 유지해야 한다면, '노동 이외의 우연적 자산 획득 수단'을 금지해야 한다. 그렇지 않다면, 노동의 대가가 정당한 것과 마찬가지로, 부동산 투자 등 '우연적 자산 획득 수단'도 모두 허용될 뿐만 아니라 모두 정당하다고 인정해야 한다.

그런데 정치의 영역은 어떠한가. 근로의 소득만이 정당하다고 말하면서, 그 이외의 부동산 투자, 주식 투자, 코인 투자 등은 '우연적 자산 획득 수단'이므로 부정한 수단이라고 비난하지 않는가. 그러면서 정작 본인은 '현실적 상황'을 거론하거나 '합법적 방식'이라고 말하며, 은밀하게 부동산에 투자하거나 쉬쉬하며 주식과 코인에 투자하여 우연적 자산 증식을 도모하지 않는가. 이러한 인식과 상황이 버무려 얽혀, 내재한 '내로남불'은 국면을 바꿔 반복한다.

정당은 사회를 선도해야 한다. 선도하되, 반걸음 앞에서 우리가 나아갈 사회의 모습을 그려야 한다. 정당이 현실을 외면해서 사회에 뒤쳐져 있으면, 이미 정당의 기능을 상실한 것이다. 기능을 상실한 정당政黨은 정당正當한 정치를 견인할 수 없다. 정당이 사회의 현실과 다른 비현실적인 정책을 추구하면, 반드시 위선僞善이 발생한다. 현실과 비현실의 틈이 위선의 정도를 강화한다.

우리는 모두 사회의 실상에 따르지 않을 도리가 없다. 사회의 실상에 따르지 않을 수 없는데, 사회의 실상과 다른 인식해야 한다고 강요하고 사회의 실상과 다른 행동을 해야 한다고 설득하는 것은 스스로 위선을 저지르고 사람들을 위선에 빠뜨리는 것이다. 사회의 실상에 따르지 않을 수 없는데, 사회의 실상에 따른다고 비난하는 것은 이율배반二律背反이다.

민주당은 비현실적 정당, 위선적 정당에서 벗어나야 한다. 노동만이 정당하다는 인식, 근로의 대가만이 정당하다는 인식을 폐기하라. 위선을 배태한 정책을 과감히 버려라. 국민에게 위선을 강요하지 말라. 스스로 위선에 빠지지 말라.

야당 지도자를 보고 싶다

나는, 자신의 확고한 입장을 바탕으로 소임을 해내는 사람에게 큰 매력을 느낀다. 이는 그 사람에 대한 호불호^{好不好}, 그의 입장에 대한 내 판단과 무관한 것이다. 설령 그가 나와는 반대되는 견해에 서 있고 내가 그의 역할에 대해 부정적으로 판단할 때도 마찬가지이다.

반대로, 자신의 이익을 자기 뜻과 동일시하여 자신의 역할을 의도적으로 왜곡하는 사람을 만나게 되면, 속이 몹시 거북하다. 이는 우연히 그의 입장이 나와 같고 판단의 결과가 같은 경우에도, 마찬가지이다.

혼란의 시기에 지도자는 분명한 생각을 보여주어야 한다. 그리고 그에게 맡은 소임을 주저 없이 이행해야 한다.

'3당 합당'이라는 정치적 혼란기에, 당시 유일한 대중 야당으로 되어 버린 평화민주당의 김대중 총재는 1990년 2월 27일 국회에서 이렇게 연설한다. "… 저는 일생을 두고 폭력과 정치 보복을 반대해왔습니다. 누구보다 저 자신이 그러한 악의 제도에 의한 희생자였기 때문입니다. 제가 재작년 가을 팽배했던 전두환 씨 내외에 대한 체포 요구에 정치생명을 걸고 반대한 것을 우리 국민은 잘 알고 계십니다. 이 때문에 우리는 사람은 미워하지 않지만 3당 통합은 절대로 용납할 수 없습니다. 만일 민자당 정권이 수와 힘을 가지고 이 문제를 기정사실로 하는 데만 고집한다면 머지않아 국민의 무서운 저항을 면치 못할 것입니다. 또 우리의 사회는 큰 혼란으로 떨어질 것이 분명합니다. 그러나 우리는 혼란을 바라지 않습니다. 모든 문제가 정치권과 의사당 안에서 평화적으로 해결되기를 절실히 바랍니다. 그러한 의미에서 저는 오늘의 정국을 파국의 위기로부터 구출하기 위해서 국회의원 총선거를 새로이 시행하자고 제안합니다. 총선거를 통한 새로운 민의의 심판만이 3당 통합을 국민이 지지하는지, 내각책임제의 개헌을 국민이 바라는지 확인할 수 있는 길입니다. 우리 당은 오늘의 정국 경색에 대해서는 피해자이지 책임은 없습니다. 그러나 우리는 국민의 의사를 새로이 받들기 위해서 기꺼이 의원직을 내놓기로 당의 결의를 이미 마친 바 있습니다. 선거에 따르는 비용과 노력을 절감하기 위해서 다가오는 지방의회 선거와 국회의원 총선거를 같이 시행합시다. 만일 민자당 정권이 우리의 이러한 성실하고 합리적인 제안을 수용하지 않을 때는 우리는 천만인 서명운동 등 평화적이고 국민적인 투쟁을 계속 전개해서 반드시 우리의 목적을 달성하겠습니다. 노 정권과 민주자유당은 우리의 결심에 대해서 절대로 과소평가하지 말 것을 미리 충고해두는 바입니다. …"

정해진 지도자는 없다.
혼란을 수습하는 사람이 지도자다.
야당의 지도자를 보고 싶다.

곽상언

(2013. 6. 16.)

이인규 회고록, 회고의 의미를 묻는다

누구에게나 고비가 있다.
그 고비를 넘을 때 가능하면 자기 잘못과 상처를 치유해야 한다.
고비를 넘겠다고 자신의 잣대로 주위의 사람을 해쳐서는 안 된다.

이인규 전 검사의 책이 지난 2023년 3월에 출간되었다. 책의 제목은 《나는 대한민국 검사였다》, 부제목은 '누가 노무현을 죽였나'라고 쓰여있다. 잠시 언론의 주목을 받았으나, 지금은 거의 읽지 않는 책이 된 것 같다.

책을 읽어보니, 이인규 전 검사는 노무현 전 대통령이 파렴치범이고 거짓말쟁이라고 말하고 싶은 것 같았다. 그는 2009년 당시 진보언론의 저주와 문재인 변호사의 무능이 더해져서 노무현 전 대통령이 죽음에 이르게 되었다고 말하고 싶은 것 같았다. 그는 자기 회고를 통해 세상에 밝힌 이 책의 내용이 모두 '진실'이라고 말하고 싶은 것 같았다.

이인규 전 검사는 책에서 이렇게 말한다. "40년 지기 친구인 정상문과 아내인 권양숙이 해외에서 주택을 구매한 사실 및 140만 달러라는 거액을 수수한 사실에 대해 노 전 대통령에게 얘기하지 않았다는 주장은 상식에 반하여 이해하기 어렵다. 노 전 대통령 주변 인물은 모두 미국 주택 구매 문제를 알고 있었는데 노 전 대통령만 모른다는 것 역시 어불성설이다."

나는 분명히 말한다. 노 전 대통령은 실제로 아무것도 알지 못했고, 거짓을 말한 적이 없다. 노 전 대통령은 수사 과정 내내 자신이 알고 계신 대로 진술하셨을 뿐이다.

이인규 전 검사의 책에는 내 이름 '곽상언'이 세 번 등장한다. "4월12일, 전날 귀국한 노건호를 불러 조사한 후 20일까지 여러 차례 추가 조사했다. 딸 노정연과 사위 곽상언郭相彦 변호사도 소환해 조사했다(352면)", "5월 11일 노 전 대통령의 딸 노정연과 사위 곽상언郭相彦을 소환 조사했다(409면)", "어제(5월 11일) 노정연·곽상언 부부를 소환해 조사했다(412면)."

하지만 그의 책에는 내 이름 이외에 그 어떠한 내용도 없다. 그 이유가 무얼까?

나는 이 책에 등장하는 모든 일에 전혀 관여하지 않았고 이익을 받은 것도 없으며 아무것도 몰랐기 때문이다. 이인규 전 검사의 말을 빌리자면, "주변 인물이 모두 알고 있는데 나만 모른다"라고 말하는 것이지만, 이것이 사실이다. 이인규 전 검사의 말을 빌리자면, '상식에 반하여 이해하기 어려운' 궤변이라고 하겠지만, 이것이 사실이다. 그래서 이인규 전 검사도 자신의 책에서 아무런 이야기를 쓰지 못한 것이다.

노 전 대통령도 나와 같은 입장이었다. 아니, 노 전 대통령은 그의 성정상 그리고 그 당시의 직위상 아무것도 알 수 있는 처지가 아니셨다. 따라서 노 전 대통령도 수사받거나 허물을 뒤집어쓸 이유가 없으셨다. 어찌 보면, 나와 노 전 대통령 단 두 사람만이 아무것도 알지 못한 채 2009년의 그 모든 상황을 맞이한 것인지도 모르겠다.

하지만 노 전 대통령은 사건의 실체와는 관계없이 수사의 최종 목표였다. 노 전 대통령의 범죄혐의는 이인규 전 검사에게는 당연한 '상식'이었기 때문이다. 이인규 전 검사의 상식 세계는 '대통령이라면 당연히 뇌물을 받는 세상'이었기 때문이다.

회고록을 쓸 수 있는 사람은 그리 많지 않다. 타인에게 본보기가 되거나 국가적·사회적 교훈이 되는 삶을 살아온 사람이 회고록을 작성한다. 또한 회고는 자신의 삶을 돌아보며 자신에게 잘못이 있었는지 살피는 과정이다. 회고록을 통해 타인을 탓하거나 자신의 잘못된 상식을 강요하는 것은 처음부터 '회고'가 아니다.

이인규 전 '검사님'께 말씀드린다. 자신의 삶을 다시 한번 회고하시기를 바란다고 말이다. 그 후, 다시 세상에 자기 회고를 이야기하시라고 말이다.

맡은 자의 책무

세상에 내 것은 아무것도 없다.
어떤 계기로 내가 맡고 있을 뿐이다.
어느 시기에 어떤 재능을 지닌 모습으로 우연히 태어났기에 그것을 맡고 있다.

소중히 다루어야 하고 나누고 전해야 한다.
그가 가진 것이 무엇이든, 얼마나 가졌든, 모두 마찬가지다.
맡고 있는 자의 의무이다.

전하고 나눌 수 없더라도, 내가 맡은 것을 온전히 흐르게 해야 한다.

너무 오래 가지고 있거나 잘못 흐르게 해서 아니 된다.
하늘이 오래 머물러 있는 물을 썩도록 한 이유이고, 잘못 난 물길이 재앙을 일으키는 이유이다.

내가 맡고 있는 것은 내가 아니다.
하지만 너무 오래 가지고 있다 보면, 내가 맡고 있는 것과 나를 동일시하게 된다.
이렇게 되면 썩게 될 수 있다. 혹은 내 뜻대로 흐름을 만들다가 잘못될 수 있다.
모두 마땅하지 않다.

자신에게 투사된 희망은 그 희망이 향하는 곳으로 가게 해야 한다.
그 희망을 자신이 품고 있거나, 제 뜻대로 그 희망의 방향을 바꾸어서는 안 될 것이다.
맡고 있는 자의 책무이다.

지금 다른 이들의 희망을 받고 있는가?
그 희망을 온전히 흐르게 하라.

국민이 측은하다, 국민이 애통하다

물이 끓고 있다.
희망이 뚜껑을 불쑥 밀어 올린다.
눈물이 끓고 있다.

지난 2023년 7월 14일, 산사태로 열차 운행이 중단되는 사태가 일어났다. 이날 윤석열 대통령은 북대서양 조약 기구NATO 정상회의 일정을 마치고 귀국할 예정이었으나 귀국하지 않았다.

그다음 날인 7월 15일, 충북 청주시의 궁평지하차도 침수 사고로 우리 국민 14명이 사망했다. 이날 윤 대통령은 러시아와 전쟁 중인 우크라이나를 깜짝 방문했다.

대통령실 고위관계자는 "그 시간이 아니면 우크라이나 방문 기회는 종전까지 없을 것으로 보여 결단을 내려야 했다. 한국 대통령이 당장 서울로 뛰어가도 집중호우 상황을 크게 바꿀 수 없는 입장이었다"라고 말했다.

그다음 날인 7월 16일, 경북 예천군의 산사태로 주택 5채가 매몰되었고 9명이 실종되었다.

그렇다. 대통령께서 수해 현장에 당장 뛰어가셔도 상황을 바꿀 수 없는 것은 맞다. 이미 발생한 자연재해를 대통령의 방문으로 복원할 수 없기 때문이다.

하지만 윤석열 대통령이 전쟁의 참상을 바꿀 수 있는 입장이었기 때문에 우크라이나에 방문한 것은 아니지 않은가. 게다가 윤 대통령은 대한민국 대통령 아니던가. 재난의 현장인 우리 국토를 뒤로 하고 우크라이나를 방문하는 것이 우리 대한민국 대통령이 할 일이던가. 재난으로 신음하는 우리 국민을 만나 위로하는 것보다 우크라이나 국민을 만나는 것이 대한민국 대통령의 우선순위이던가.

열차가 탈선되는 사고가 있는 때에, 침수로 국민이 사망하는 위급한 시기에, 산사태로 주택이 매몰된 처참한 날에, 꼭 이 시기에 우리 대한민국 대통령이 우크라이나에 방문했어야 하는가. 어찌 우크라이나에 방문하는 기회가 꼭 우리 국민이 재해로 신음하고 있을 때뿐이라고 여기는가.

그런 윤석열 대통령이 우크라이나 방문을 급히 마무리하고 7월 17일 드디어 귀국했다. 귀국 직후 경북 예천군의 산사태 피해 현장을 방문했다. 뒤늦었지만 다행스러운 일이다. 그런데 윤 대통령은 수해 피해를 본 이재민들에게 이렇게 말한다. "여기서 다 당분간 계시는 것이 좀 좁고 불편하시겠지만 여기 평소에 그래도 많이 계시던 데니까 조금만 참고 있으십시오."

말꼬투리를 잡자는 것이 아니다. 윤 대통령은 폭우의 현장을 찾고서도 수재민이 어떤 고통을 느끼는지 모르는 것 같다. 평소에 좁고 불편한 곳에 계시던 국민은 수해를 입고도 계속 참고 있으면 된다고 말하는 것 같았다. "당신은 원래 고통받고 있었으니 조금만 더 참으면 되지 않느냐"라고 조롱하는 것으로 느껴졌다.

맹자는 남의 불행을 함께 아파하는 마음(측은지심, 惻隱之心), 잘못을 부끄럽게 여기고 수치스럽게 느끼는 마음(수오지심, 羞惡之心), 자신을 낮추고 남에게 양보하는 마음(사양지심, 辭讓之心), 옳고 그름을 분별할 줄 아는 마음(시비지심, 是非之心)의 네 가지를 인간의 본성으로 보았다. 측은지심은 다른 세 가지 마음의 근원으로, 맹자는 정치는 모름지기 측은지심이 근간이어야 한다고 말했다. 우리 공동체의 불행, 우리 국민의 불행을 함께 아파하고 서로 위로하며 그 해결 방법을 찾는 것이 정치라는 것이다.

진정, 윤석열 대통령은 자신이 무엇을 잘못했는지 모르는 것일까. 우리는 이제 측은지심이 없는 대통령을 만나게 된 걸까. 아니, 우리는 이제 측은지심도 수오지심도 없는 대통령을 만나게 된 것일까.

　우리 국민께 대통령의 말씀 대신 성경의 말씀을 전하고 싶다. "애통해하는 자는 복이 있나니 저희가 위로를 받을 것임이요."(마태복음 5장 4절)

국민의 나라, 대통령의 나라

이명박에 이어, 박정희 대통령의 딸 박근혜가 대한민국 대통령이 되었다.
"국민 행복 시대를 열겠습니다."
크게 기대했으나 국정은 어지러웠다.

그 당시, 국민은 이렇게 말했다.
"이게 나라냐?"

국민은 분노했고 촛불을 들었다. 국민이 행복하기는커녕, 국민이 국가를 걱정했기 때문이다.

박근혜는 탄핵으로 물러났다.
뒤이은 대통령 선거로, 민주당 문재인 후보가 대통령으로 당선되었다.
"기회는 평등하고, 과정은 공정하며, 결과는 정의로울 것입니다."
이 구호가 현실이 되도록 응원했으나, 국민은 등을 돌렸다.

그 당시, 내 지인은 이렇게 말했다.
"그럼, 이건 나라냐?"

할 말이 없었다. 평등한 기회, 공정한 과정, 정의로운 결과를 못 봤기 때문이다.

문재인 정부 혹은 민주당은 5년 만에 정권을 내주었다.

문재인 정부에서 검찰총장을 한 윤석열이 국민의힘 정당의 후보로 출마하여 대한민국의 새 대통령이 되었다.
"국민이 진정한 주인인 나라를 만들어 나가겠습니다."
취임사의 이 말이 꼭 현실이 되기를 바라고 있지만, 우리는 대한민국의 대통령이 아닌 검통령의 모습을 보고 있다.

지금, 나는 이런 말이 떠오른다.
"나라가 네 거냐."

현대적 형태의 독재체제가 서서히 구축되고 있다.
그런데도 민주당은 내부 정치에만 골몰한다. 두렵고 한탄스럽다.

모든 권력은 국민에게서 나온다. 국민이 주인이다. 하지만 헌법이 죽어간다.
내가, 우리가 할 일을 찾아야 한다.

곽상언
(2022. 6. 14.)

일본에 바란다, 일본인에게 말한다
– 핵 오염수 방류 결정을 보며

눈을 뜨고 있어야 한다.
깨어서 세상을 바로 보는 우리는
참여함으로써 연대함으로써,
지금의 걱정, 두려움, 우려를 멈추게 할 수 있다.

코로나19가 확산하던 2020년 3월쯤이다. 여러 언론은 영국에서 사람들이 휴지, 냉동식품, 생필품 등을 사재기(공황 구매, panic buying)하고 있다고 보도했다. 산업혁명을 시작한 20세기 최강국 영국에서, 선진 국민 중 선진 국민이라고 자부하는 영국인들이, 코로나19라는 질병의 공포 속에서 보인 모습이었다. 코로나19라는 질병으로 인해 막연한 죽음의 공포 앞에서, 공동체 의식은 파괴되고 독자 생존의 욕구가 노골적으로 분출된 것이다.

나는 이 모습을 보면서 '동일본 대지진' 당시 일본인의 모습을 떠올렸다.

　2011년 3월 11일에 발생한 '동일본 대지진'. 일본 국내 지진 관측 기록상 최고 규모인 9.1의 지진이었다. 이 지진으로 인한 피해는 사망자 15,900명, 실종자 2,523명, 이재민 50만 명, 파손 주택 40만여 채, 피해 선박 약 2만 9천 척에 이른다. 최대 9.3m 높이의 초대형 쓰나미가 발생하여 서울특별시 면적의 땅이 침수되었고, 15만 명의 사람들이 피난길에 나섰다(2022년 기준). 이 지진으로 2011년 3월 12일 세계 역사상 가장 심각한 원자력 사고인 '후쿠시마 제1 원자력 발전소 폭발 사고'가 발생했다. '지진'과 '쓰나미'라는 불가항력의 천재天災에 더하여 '원자력 발전소 폭발'이라는 엄청난 인재人災가 한꺼번에 일본을 덮친 것이다.

　내가 2020년 3월 영국에서 벌어진 영국인의 '사재기'를 보면서 그로부터 9년 전인 2011년 3월 일본에서 발생한 '동일본 대지진'을 떠올린 이유는 다른 이유 때문이 아니다. 일본인들이 2011년 3월 '동일본 대지진'이라는 엄청난 재난 상황에서 보인 모습 때문이다.

　2011년 3월 '동일본 대지진' 당시, 그들은 흔들리는 땅과 밀려오는 파도의 압도적 힘, 함께 피신하는 사람들의 죽음을 눈앞에 두고서도, 질서정연하게 피신했다. 그들은 공포에 압도당하면서도, 눈물을 흘리면서도, 다른 사람을 앞서가지 않았고 함께 길을 걸어가며 피신했다. 도저히 죽음의 공포를 눈앞에 두고 있는 사람들이라고 생각할 수 없을 정도의 '집단적인 차분함'이었다. 그 순간 일본인들은 공동체 의식의 최정점을 보여줬다.

영국인들은 죽음의 막연한 공포 때문에 '사재기'했으나, 일본인들은 죽음의 현실적 공포 앞에서도 질서를 선택했다. 그들은 죽음의 두려움을 함께 이기려고 했고, 함께 살려고 한 것이다. 나는 일본인들의 이 모습에 감동했고 존경스러웠다.

그런데 일본 정부는 2023년 8월 22일 "2023년 8월 24일부터 134만 톤의 핵 오염수를 30년간 방류하겠다"라고 결정했다. 일본 정부는 핵 오염수의 해양 방출이 '과학적'으로 그리고 '기술적'으로 문제가 없다고 강변하면서, 핵 오염수로 인한 위험을 일본이 아닌 모든 국가에, 일본인이 아닌 모든 인류에게 전가하는 방법을 택한 것이다.

이에 대해 중국 정부는 "오염수 해양 방류는 중국 등 일본 인근 국가와 국제사회에 핵 오염의 위협을 전가하는 것"이라고 항의했다. 다만, 윤석열 정부는 (어처구니없게도) "과학적, 기술적 문제는 없는 것으로 판단했다. 다만 우리 정부가 오염수 방류를 찬성 또는 지지하는 것은 아님을 분명히 말씀드립니다"라고 발표했다.

12년 전의 일본인과 오늘의 일본인은 다른 사람들일까.

현실의 '쓰나미' 앞에서도 최고의 공동체 의식을 보인 일본인들이 동일본 대지진의 참상을 보며 극도의 이기적 의식으로 퇴행한 것일까.

일본인에게 말하고 싶다.

무엇보다 그대들이 동일본 대지진으로 입은 고통을 위로한다고. 우리는 모두 그 참상을 함께 슬퍼하고 있다고. 그대들의 고통은 그대들의 책임이 아니라, 천재지변으로 비롯된 것이라고. 그래서, 그 고통을 그 참상을 우리 인류가 함께 해결해야 하고, 함께 극복해야 한다고.

나는 또, 일본인들에게 이렇게 말하고 싶다.

우리 대한민국 국민이 일본의 '핵 오염수 방출 결정'을 규탄하는 것은 그대들을 비난하기 위해서가 아니라고. 우리는 '핵 오염수 방출 결정' 이외의 다른 해결 방법을 선택하자고 촉구하는 것이라고. 우리는 일본인들이 다시 위대한 공동체의 의식으로 되돌아갈 수 있다고 말하는 것이라고. 그것이 일본인의 본래 모습이고 일본이 선택해야 하는 길이라고.

대통령의 이간질

자신에게 투사된 희망은 그 희망이 향하는 곳으로 가게 해야 한다.
그 희망을 자신이 품고 있거나,
자기 뜻대로 그 희망의 방향을 바꾸어서는 안 된다.
맡고 있는 자의 책무이다.

〈나는 솔로〉라는 TV 프로그램이 인기라고 한다. 〈나는 솔로〉 출연자들에게 국민적 관심과 비난이 쏟아지고 있다는 언론보도를 보았다. TV 프로그램 〈나는 솔로〉를 보니, 서로 짝을 찾으려는 남녀가 한정된 공간에 모여 서로에게 구애하고 있었다. 그것도, 단 5일이라는 시간 내에 각자의 방식으로.

그 과정에서 어떤 이는 '없는 말 지어내기' 등의 술책을 사용하고 있었다. 그들은 경쟁자가 짝을 찾지 못해야 자신에게 기회가 온다고 믿는 것 같았다. '없는 말 지어내기'는 자신의 창의력을 보여주는 수단이며, 이간질은 존재의 우월성을 타인에게 각인시키는 수단이라고 믿는 것 같았다. 심지어, '없는 말을 전하는 행위'를 '필요한 말을 조언하는 선행'으로 인식하면서, 상대에게 필요한 말을 조언하는 선행을 베풀었으니, 자신은 그 상대방보다 지적으로 도덕적으로 우위에 서 있다고 여기는 것 같았다.

하지만 국민은 그 '어떤 이'의 인식에 공감하지 못하고 그들을 비난하며 관심을 두는 것으로 보인다.

'이간離間질'은 서로의 사이(間)를 멀어지도록 벌리(離)는 못된 행위(질)다. 이웃과 친구 사이에 틈이 생기면 틈을 봉합하고 서로 어울리도록 하는 것이 인간 순리다. 하지만 어떤 이들은 사람 사이에 틈을 발견하면 그 틈을 더 벌려 서로를 멀어지게 한다. 이간질 자체를 기뻐하고, 사람의 어울림보다 다툼을 바란다. 협력 대신 불화를, 불화로 인한 고통을, 그 고통에 더한 싸움을 원한다.

믿고 싶지 않지만, '무리의 대장'이라고 여기는 사람 중 이간질을 기뻐하는 사람이 있다. 그들은 이간질로 자신의 무리를 가르고, 자신의 경쟁상대를 무너뜨린다. 서로 싸우게 만들어, 무리 내의 불신을 조장하고, 무리의 동질감을 훼손시킨다. 그들에게 이간질은 자신이 무리의 대장이라는 것 그리고 자신이 우월한 존재라는 것을 무리에게 각인시키는 무기일 뿐이다.

그들은 이간질로 통치하고 이간질로 세상과 사람을 바라본다. 그들에게 '무리'의 행복, '무리'의 번영, '무리'라는 공동체는 허상이다. 그들은 자신이 무리의 '대장'이라는 사실만이 중요할 뿐이다. 그렇기에 그들은 '이간질'이 부끄러운 수단이 아니라 고도의 지적행위, 타인을 위한 덕성이라고 인식한다.

'이간질'을 국가 단위로 적용하는 것을 거창하게도 '분할통치Divide and rule'라고 부른다. 제국주의 영국이 인도를 통치한 방식으로 지배자가 피지배자를 가르고 분열시켜 피지배자 전체를 통치하는 방식이다. 제국주의가 이미 소멸했으니, 이제는 국가적 단위의 이간질이 존재하지 않을까? 만일 국민을 이간질하거나 다른 정파를 이간질하는 자가 지금도 있다면, 그는 국민을 피지배자로 여기는 사람이고 상대 정치세력을 노리개로 격하하는 사람일 것이다.

대한민국 검찰은 지난 2023년 9월 18일 국회의원 이재명에 대한 구속영장을 청구했다. 국회의원 이재명은 제1야당인 더불어민주당의 대표다. 당시 윤 대통령은 유엔 총회에 참석하기 위해 미국 뉴욕을 방문 중이었으나, 바쁜 외교 일정에도 불구하고 그다음 날 신속하게 제1 야당 대표에 대한 체포동의요구서를 재가한다.

결국, 대한민국 국회는 9월 21일 국회의원 이재명에 대한 체포동의안을 '가결'했다. 더불어민주당은 원내대표가 사퇴하는 등 극도의 혼란에 빠졌다. 국회의원 이재명은 9월 26일 영장

실질심사를 받아야 했다. 윤 대통령이 지난 2월 21일 국회의원 이재명에 대한 체포동의요구서를 재가한 후 두 번째 만에 이뤄낸 정치적 성취다.

대통령에게 말한다. 이간질에 능한 사람은 그냥 이간질을 잘하는 사람이지 다른 사람보다 우월한 사람은 아니라고. 만일 이간질로 세상을 통치한다면 국민은 모두 당신을 비난하게 될 거라고. 만일 이간질로 국민의 사이를 벌리고 야당을 분열시키는 것이라면, 그것은 국민을 피지배자로 보는 것이고 결국 국력의 감쇄를 가져올 거라고.

대통령에게 말한다. 〈나는 솔로〉를 보며, 이간질을 배울 것이 아니라, 교훈을 얻으라고. 〈나는 솔로〉를 보고 있는 우리 국민의 마음을 보라고. 그래서, 이간질의 유혹에서 벗어나, 국민을 존중하고 국민의 화합을 위한 정치를 하시라고.

윤석열 후보는 가면을 쓰고 있습니다.

김대중의 가면을 쓰고 김대중 대통령을 말합니다.

노무현의 가면을 쓰고 노무현 대통령을 말합니다.

가면 쓴 윤석열은 김대중이 아닙니다.

가면 쓴 윤석열은 노무현이 아닙니다.

가면을 벗기면 그냥 윤석열입니다.

가면 뒤에는 윤석열의 얼굴이 있습니다.

윤석열의 얼굴을 바로 보시기를 바랍니다.

곽상언

(2022. 3. 4.)

유족의 원망願望, 대통령의 용기

사람에 충성하지 않는 사람은 이익에 충성합니다.
사람에 충성하지 않는 사람은 불이익의 두려움에 굴복합니다.
사람에게 충성해야 국민을 사람으로 받듭니다.
가족, 사회, 국가 모두, 사람살이의 모습이고 사람의 공동체입니다.

2022년 10월 29일 토요일은 잊을 수 없는 날이다. 그날은 '핼러윈 축제'가 있던 날이었다. 장소는 서울특별시 용산구 이태원동 '해밀톤호텔'의 서편 골목. 그날 그곳에서 20대 청년 106명을 포함한 159명이 사망했다. 그것도 길을 걸어가다가, 영문도 모른 채. 하늘의 별이 된 사람도, 남은 유족도, 그 광경을 지켜봐야 했던 우리 국민도, 지금까지 그날 그곳에서 무슨 일이 벌어졌는지 제대로 모르고 있다.

1년이 지난 2023년 10월 29일, 서울시청 앞 서울광장. "기억, 추모, 진실을 향한 다짐"이라는 제목으로 추모제가 열렸다. 이태원 참사 유족들의 요구는 간명하고 간단했다. 요약하면, '참사의 진상규명', 그것이 전부였다. 5천 명이 넘는 시민들이 서울광장에 모여 추모했고, 해외 사절들도 추모제에 참석했다. 그러나 정작 대한민국의 대통령이 참석하지 않았다. '정치 집회'가 될 수 있다는 이유였다.

하지만 윤 대통령은 김기현 국민의힘 대표 등 여당 지도부와 함께 서울 성북구 교회에서 추도 예배를 했고, 대통령의 참모들 앞에서 추도사를 낭독했다고 한다. 대통령은 "지난해 오늘은 살면서 가장 큰 슬픔을 가진 날"이라고 말했다.

한편, 대통령실은 윤 대통령이 미국 시간으로 10월 29일 미국 존 F. 케네디 재단이 수여하는 '용기 있는 사람들 상'을 기시다 일본 총리와 공동 수상했다고 발표했다. 윤 대통령은 "케네디 대통령을 존경해왔다. 일본 총리와 함께 이 상을 받게 돼 기쁘다"고 수상 소감을 밝혔다.

윤 대통령은 '가장 큰 슬픔을 가진 날'이라고 말하면서 시민들의 추도식에는 참석하지 않았지만, '기쁘다'라고 말하면서 미국의 '용기 있는 사람들 상'을 수상했다.

우리 인간은 우리의 생명과 안전을 위해 국가를 조직한다. 국가는 국가 내에서 생명 활동을 벌이는 사람들(국민)이 서로 충돌하지 않도록 일정한 질서를 강제한다. 국민은 국가의 강제력에 복종한다. 국민의 생명 활동에 이익이 된다고 믿기 때문이고, 국가에 국민의 복종을 강제할 정당성이 있다고 간주하기 때문이다.

　하지만 국가권력의 강제력은 국가 스스로가 그 질서를 깨뜨리지 않을 때만 성립된다. 또 국가가 모든 국민의 생명을 보호하는 경우에만 국가권력은 강제력을 가질 수 있다. 국가가 먼저 그 질서를 깨뜨리면, 국민은 국가 내에서의 활동이 자신의 생명 활동에 이익이 되지 않는다고 생각하게 된다. 혹이라도 국민 중 누군가가 부당하게 생명을 부인당하는 경우를 보게 되면, 국민은 생명 활동의 위협을 현실이라고 생각하게 된다. 이렇게 되면, 국민은 더 이상 국가가 국민의 복종을 강제할 권위가 있다고 인정하지 않으며 국가에 강제적 권한을 부여하지 않게 된다.

　대통령은 국가권력을 국민을 향하도록 행사해야 하고, 국민의 생명을 지켜야 한다. 국민이 죽어가는 사태가 벌어져도 수수방관하고 있거나 그 원인을 밝히지 못한다면, 아니 그 원인을 밝히는 데 최선을 다하지 않는다면, 국민은 국가가 국가의 질서를 스스로 깨뜨렸다고 생각한다. 국민은 국가가 불법을 저지르고 있다고 생각한다.

　우리 국민은 대통령이 '용기 있는 사람들 상'을 받았다고 대통령을 '용기가 있는 사람'이라고 생각하지 않는다. 우리 국민은 윤 대통령이 미국 존 F. 케네디 재단으로부터 상을 받았다고 윤 대통령을 케네디 대통령과 같은 대통령으로 여기지 않는다. 반대로, 대통령이 '가장 슬픈 날'이라고 말하면서도 추모제에도 오지 못하고 유가족을 외면하는 모습을 보면서, 우리 국민은 대통령이 작은 용기도 없다고 생각할 것이다. 아마, 국민은 우리 대한민국이 국가로서 제대로 유지될 수 있는지 의심하고 있을 것이다.

대통령의 용기는, 나라를 나라답게 만드는 데, 국민의 힘을 모아 부강한 국가의 길을 닦는 데, 인류의 공동선을 증진해 우리 지구촌 인류가 더욱 평화롭게 함께 생존하는 방법을 찾는 데, 쏟아야 한다. 케네디가 말한 '지도자의 용기'는 이런 의미일 게다. 대통령의 용기는, 우리 국민의 미래를 향해 원망(遠望, 멀리 바라봄)할 때, 역사를 위해 우리 국민의 원망怨望을 풀 때, 우리 대한민국을 강대한 나라로 만들기 위한 깊은 원망願望을 가질 때, 그때 내는 것이다.

이태원 참사 유가족은 강력히 원망願望한다. 이태원 참사의 원인이 무엇인지, 마음속에서 지울 수 없는 2023년 10월 29일, 그날 그곳에서 도대체 무슨 일이 벌어졌는지, 어째서 사람이 길을 걸어가다가 사망할 수 있는지, 어째서 우리나라가 이런 참사를 외면하고 진실을 숨기는 나라가 되었는지, 이태원 참사 유가족과 우리 국민은 진정으로 알고 싶다. 오죽하면 유족의 소망이 '참사의 진상규명'뿐이겠는가.

이태원 참사 유가족은 윤 대통령을 깊이 원망怨望하고 있다. 대통령은 이태원 참사 유가족의 원망願望을 짓밟고 있기 때문이다. 이제라도 윤 대통령은 용기를 내야 한다. 길을 걸어가다가 영문도 모른 채 죽어간 별들의 원망^{怨望}을 푸는 데 용기를 내야 한다. 살아서 슬픈 우리 유족의 한^恨, 슬프게 살아갈 수밖에 없는 유족의 마음을 달래야 한다. 이것도 하지 않는 국가는 더 이상 국가가 아니다.

유족들이 말한다. '그날 국가는 없었다'라고. 대통령은 최소한의 용기 내기를 바란다. 대통령은 유족의 이 말을 몸과 마음에 새기기 바란다.

비정상의 정상화

사람을 사람 되게 만드는 노력은 항상 있었다. 세상을 살 만한 곳으로 바꾸려는 노력도 언제나 우리와 함께했다. 이러한 노력을, 혹자는 '개혁'이라고 부르기도 했고, 누구는 '혁명'이라고 칭하기도 했다. 어떤 이는 '정상화'라는 이름을 붙이기도 했다. 하지만 그 명칭의 다름과 관계없이 추구하는 목표는 같은 것이다. 다만 '사람 됨', '살 만한 곳'의 기준이 무엇인지에 따라, '노력의 대상'이 무엇인지에 따라 성공하기도 하고 실패하기도 했을 뿐이다.

간혹, '인간의 본성'을 개혁의 대상으로 삼기도 했다. 하지만 인간의 본성은 생물학적인 욕구의 표현이고, 인간 본성의 변화는 생물학적 진화의 영역이다. 인간의 본성 혹은 본성에서 비롯된 습성은 처음부터 교정의 대상이 될 수 없는 것이다. 인간의 본성을 바꾸려는 시도는 실패할 수밖에 없다.

'인간의 사고'를 정상화의 대상으로 삼으려는 시도 또한 존재했다. 이러한 시도는 특정한 사고만이 정상적인 사고이고 그 틀에서 벗어난 사고는 비정상적이라는 생각에서 출발한다. 그러나 인간의 사고 또한 교정의 대상이 되어서는 안 된다. 사람의 개체 수만큼 그 사고는 다양할 수밖에 없고, 이를 보장하는 것만이 사람의 사람됨을 인정하는 전제이기 때문이다. 아무리 양보해도, '인간의 사고'는 교육의 대상이거나 계몽의 대상일 뿐, '정상화'의 대상이 될 수 없다.

'인간의 본성'을 정상화하겠다는 발상은 창조주의 역할을 몸소 실천하겠다는 뜻이다. '인간의 사고'를 정상화하겠다는 시도는 사람의 의식을 내 의식으로 동화시키겠다는 것에 불과하다. 이는 자신을 스스로 칭신稱神이라는 것이고, 사람들에게 종교적 제의祭儀를 강요하는 것이다. '인간의 본성·사고'를 정상화하겠다는 시도 자체가 정상화의 대상일 뿐이다.

비정상화의 정상화는 이러한 의미이어야 한다.

"익숙한 불합리, 부정의를 일깨우고 이를 깨뜨리는 것"
"익숙한 부정의를 자각시키고 이를 타파하는 것"

익숙한 부정의가 무엇인지부터 알아야 한다.
그리고 익숙함에서 벗어나는 방법을 찾아야 한다.

누군가가 내 본성, 내 사고를 정상화하게 하겠다고 할까 두렵다. 이러한 시도가 지금 진행되고 있다면, 그 시도부터 정상화해야 할 것이다.

곽상언

(2014. 2. 7.)

곽상언의 시선
세상을 향한 외침

곽상언 지음

초판 1쇄 2023년 12월 29일 인쇄
초판 1쇄 2024년 1월 5일 발행

ISBN 979-11-5706-331-4 (03300)

기획편집	배소라
교정교열	이병렬
디자인	김기현
마케팅	최재희, 신재철, 김예리
인쇄	예인미술

펴낸이	김현종
펴낸곳	(주)메디치미디어
경영지원	이민주, 김도원
등록일	2008년 8월 20일 제300-2008-76호
주소	서울특별시 중구 중림로7길 4, 3층
전화	02-735-3308
팩스	02-735-3309
이메일	medici@medicimedia.co.kr
페이스북	facebook.com/medicimedia
인스타그램	@medicimedia
홈페이지	www.medicimedia.co.kr

이 책에 실린 글과 이미지의 무단전재·복제를 금합니다.
이 책 내용의 전부 또는 일부를 재사용하려면 반드시
출판사의 동의를 받아야 합니다.
파본은 구입처에서 교환해드립니다.